놀이로 자라는 유치원

펴 낸 날/ 초판1쇄 2018년 11월 23일
　　　　　개정판2쇄 2020년 1월 1일
지 은 이/ 이정희 권혜진 백선희

펴 낸 곳/ 도서출판 기역
펴 낸 이/ 이대건
편　　집/ 책마을해리

출판등록/ 2010년 8월 2일(제313-2010-236)
주　　소/ 서울시 서대문구 북아현로 16길7 2층
　　　　　전북 고창군 해리면 월봉성산길 88 책마을해리
문　　의/ (대표전화)02-3144-8665, (전송)070-4209-1709

ⓒ 이정희 권혜진 백선희, 도서출판 기역 2018

ISBN 979-11-85057-56-9　03370

이 도서의 국립중앙도서관 출판예정도서목록(CIP)은 서지정보유통지원시스템 홈페이지(http://seoji.nl.go.kr)와
국가자료종합목록시스템(http://www.nl.go.kr/kolisnet)에서 이용하실 수 있습니다. (CIP제어번호 : CIP2018037153)

지금 쏙쏙 뽑아 쓰는 놀이 편집숍

놀이로
자라는
유치원

이정희 권혜진 백선희 지음

ㄱ

아이도 교사도 행복한, 놀이로만 사는
유치원에 오신 것을 환영합니다

'놀이는 아이들의 본능이다', '아이들은 놀이로 세상을 바꾼다', '놀이는 아이들 삶의 배움터이다' 등등, 놀이의 중요성이 강조될수록 유치원 교사는 '유치원에서 제대로 놀이를 하고 있는가?'라는 생각과 함께 놀이가 부담감으로 다가옵니다. 더욱이 유아교육 혁신방안으로 놀이중심 교육과정이 강조되면서 현장에 있는 교사들은 놀이와 교육 사이에서 어떻게 해야 하는지에 대한 고민들이 생깁니다. 이 책은 이러한 교사들의 '놀이'에 대한 고민을 함께 나누다 시작되었습니다.

유치원 교사들은 하루 종일 정말 바쁩니다. 해야 할 것, 해 줘야 할 것들이 항상 넘쳐나고 있으니까요. 바쁘고 서두르다보니 놀이를 제대로 바라볼 시간과 여유가 없습니다. 그래서 이 책에서는 바쁜 교사들에게 시간과 여유를 주고자 최소한의 준비물로, 또는 준비물 없이도 할 수 있는 쉽고 재밌는 놀이들을 소개하려고 노력했습니다. 이미 하고 있는 놀이들도 있을 것이고, 너무 쉬운 놀이도 있을 것입니다. 바로 거기서부터, 즉 이미 하고 있는 쉬운 놀이에서부터 지금, 즉시, 바로 놀이를 시작해 보면 어떨까요?

이 책은 철저히 현재, 현실, 현장에 뿌리를 두고 있습니다. 유치원에서 놀이 수업을 하면서 느꼈던 어려움, 시행착오, 고민 등이 비단 우리만 느끼는 것이 아닐 것이라는 생각이 들었고, 다른 교사들과 함께 공유하고 싶었습니다. 평범한 현장교사들이 쓴 책인 만큼 기존의 놀이 이론서보다 이론은 매끄럽지 못한 면이 있을 것입니다. 그러나 현장에서 나름대로 생각하는 이상적인 놀이모형을 제시하고 현장에서 필요한 놀이에 관련된 다양한 내용들로 구성되어 있습니다. 한 매장에서 다양한 브랜드의 제품을 필요한 것만 뽑아 모아놓고 판매하는 '편집숍'처럼, 이 책 또한 현장의 교사들에게 놀이에 필요한 내용들을 쏙쏙 뽑아 쓸 수 있는 놀이방법 '편집숍'처럼 활용되기를 바랍니다.

이 책을 쓴 저자들은 경력 15년 이상의 유치원 교사들입니다. 15년 이상을 유치원 교사로 지내오면서 드는 생각(교육관, 가치관, 무엇보다 '잘 가고 있는지……')들이 뒤엉켜 있을 때, 고민을 같이 하고 있는 교사들과 함께 쉬운 놀이를 위한 누적물을 모아 보자고 한 것이 하나의 전환점이 되어 책까지 출판하게 되었습니다. 이러한 과정에서 얽힌 실타래처럼 복잡하고 혼란스러운 '놀이'에 관한 여러 생각들을 풀어나가는 기회가 되었고 놀이의 가치와 유아교육의 가치, 더 나아가 유치원 교사가 얼마나 중요한 존재인가를 깨닫는 시간이었습니다. 따라서 이 책의 중심은 유아가 아닙니다. 유아에게 놀이를 제시하고, 교육활동과 환경을 제공하는 교사가 중심입니다. 교사가 놀이에 쉽게 접근할 수 있어야 교사가 행복하고 놀이가 다양해져서 유아가 행복합니다. 유아가 행복해야 학부모도 행복합니다. 이 책과 함께하는 모든 유치원 교사들이 스스로 소중함을 깨닫고 스스로를 존중하며 행복해지기를 소망해 봅니다.

책을 기획하고 집필하는 시간이 생각보다 짧았지만, 주위에서 도와주신 분들 덕에 무사히 출간이라는 열매를 맺게 되었습니다. 이 책을 출판할 수 있는 기회를 열어주시고 물심양면으로 지원을 해주신 광주광역시교육청 장휘국 교육감님과 광주광역시 동·서부교육지원청 관계자님들께 진심으로 감사드립니다. 또한, 많은 경험을 바탕으로 '놀이'를 할 수 있는 환경을 지원해주신 임주영 원장선생님께, 동료교사들(조춘화, 신복희, 나은정, 김연옥)께 감사드리고, 책의 내용을 보다 풍성하게 해 준 삽화를 재능기부해 준 호남대학교 손민영 학생에게도 크나큰 고마움을 전합니다. 마지막으로, 끝까지 집중할 수 있도록 옆에서 인내해주고, 격려를 아끼지 않은 가족들에게 사랑을 전합니다.

신창골에서

차례

놀이와 함께 성장하다

놀이를 준비하다

놀이에 대한 고민들

교육현장에서 놀이중심 교육과정을 실현하고자 하면서 생기는 교사들의 '놀이에 대한 고민들'을 정리해 보면서 현장의 교사들과 공감하고 공유하는 공간이다. 교사의 고민들을 하나씩 풀어 나가는 과정에서 유치원 현장에서의 놀이중심 교육과정에 대해 교사들이 더 쉽게 더 명확하게 이해하는 데 도움이 되길 바란다.

진짜 놀이는 무엇일까?

유치원에서는 모든 활동이 놀이를 기반으로 하고 있다고들 한다. 놀이를 통해 한글을 배우고, 놀이를 통해 수학을 배우고, 놀이를 통해 영어를 배우고……. 놀이인 듯, 놀이가 아닌, 놀이로 포장된 학습을 시키고 있는 것은 아닐까? 결국엔 뭔가를 가르치기 위한 수단으로 놀이가 이용되고 있는 것은 아닐까? 그렇다면 유치원에서 가능한 '진짜 놀이는 무엇일까?'

'진짜 놀이란 무엇일까?'에 대한 고민을 해결하기 위해 놀이의 일반적 개념, 교사가 생각하는 놀이, 유아들이 느끼는 놀이에 대해 먼저 살펴보자.

놀이에 대한 일반적 개념

- 놀이는 즐거움이나 만족이 따르는 활동
- 놀이는 자발적으로 이루어지며 자유로운 활동
- 놀이는 그 자체가 목적이며, 과정을 중시하는 활동

교사들이 생각하는 놀이(경기도교육청, 2017)

- 자유선택활동과 바깥놀이
- 유아의 개별적 선택이 가능하고 유아 주도적 활동
- 유아의 주도성과 자발성을 높이는 재미의 요소가 들어간 활동들

유아들이 느끼는 놀이(경기도교육청, 2017)

- 자유로움 속에서 느끼는 단순한 즐거움
- 지속적으로 시간을 들이고 참여하는 가운데 성취감을 얻을 수 있는 활동
- 유아 스스로 탐색하고 발견하는 과정

위 세 가지 놀이의 개념에서 나타난 공통적인 요소는 즐거움(재미), 자발성과 주도성이라고 할 수 있다. 즐거움과 자발성, 주도성의 특징을 갖는 유아의 놀이는 그 자체만으로도 가치가 있다. 그래서 급진적인 유치원에서는 교사가 이끄는 수업이 전혀 없고 주제나 스케줄에 맞추는 수업 없이 온전히 유아의 놀이를 지원하는 곳도 있다. 그러나 유치원 교사의 입장에서는 유치원 교육과정에서 추구하는 배움을 외면하고 주제와 계획이 없는 유아의 놀이만을 지원하는 교육과정 운영은 아직 낯설고 어려운 것이 현실이다.

따라서 유치원에서의 진짜 놀이는 유아가 자발적, 주도적으로 하는 재미있는 활동들이 교육과정과 유기적으로 연결되어 유아의 놀이 경험의 과정 자체가 의미 있는 교육적 놀이가 될 수 있어야 한다(경기도교육청, 2017).

정말 놀이만 해도 될까?

유치원에서는 누리과정에 따라 연안, 월안, 주안, 일안 등 촘촘히 계획을 세워 교육을 해왔다. 계획대로 수업이 매끄럽게 진행되었을 때 교사는 스스로 만족감을 느끼곤 한다. 하지만 놀이는 특성상 계획대로 될 수 없다. 계획대로 되지 않는 놀이는 교사에게 불안감을 주기도 한다. 무언가를 가르쳐야 한다는 사명감에서 벗어나 유아들이 마음껏 놀이하는 모습을 교사 스스로 불안해하지 않고 바라볼 수 있을까? 놀이만 하는 건 유아들을 방치하는 것이 아닐까? 정말 놀이만 해도 될까?

교사의 불안

- 정말 놀이만 해도 유아의 배움과 성장이 일어날 것인지에 대한 불안
- 놀이는 수업이 아니라는 교사 스스로의 인식
- 놀기만 하면 유아들에게 아무것도 가르치지 않았다는 죄책감과 불안
- 교사주도의 교육과정과 유아주도의 놀이를 어떻게 연결지어야 할지에 대한 고민
- 놀이 시 유아들이 활발하게 움직임에 따라 안전에 대한 불안
- 놀이로 인한 소란스러운 교실에 대해 유아들을 제대로 지도하지 못한다는 주위의 시선
- 학부모들의 학습에 대한 요구

'정말 놀이만 해도 될까?'라는 교사의 고민은 놀이의 가치에 대한 의심에서 비롯된다고 할 수 있다. 유아기 놀이의 중요성을 누구보다 잘 알고 있을 교사들이 오히려 놀이가 정말 중요하고 가치로운가에 대해 의심을 한다는 것은 아이러니하다.

오랫동안 지속되어왔던 경직된 교육과정 운영방식과 학부모들의 요구, 잘 짜여진 수업을 모범적인 수업으로 알고 실천해 왔기 때문에 나타나는 현상이라 할 수 있다. 오래된 습관을 바꾸기 어렵듯이 오랫동안 지속해온 교육과정 운영방식을 한 번에 바꾸기란

쉽지 않다. 따라서 먼저 교사가 놀이에 대한 생각을 바꿀 필요가 있다. 생각을 바꾸려면 놀이의 가치를 제대로 알고 인정하는 것부터 시작해야 한다. 놀이를 가르침의 도구로 사용하던 것을 멈추고 그냥 온전한 놀이 그 자체의 가치를 인정해야 하며 유아들의 배움의 도구임을 믿어야 교사의 불안은 해소될 수 있다. 정말 놀이만 해도 된다!

놀이만 하는 유치원, 학부모는 괜찮을까?

학부모들은 놀이만 하는 유치원을 받아들일 수 있을까? 지식을 빠르게 알려주는 교육에 익숙한 부모 세대에게 놀이는 '그냥 논다'로 받아들여질 수도 있다. 놀이를 공부의 반대 개념으로 생각하고 있거나 놀기만 하면 우리 아이만 뒤처지는 것 아닌가, 하는 학부모의 불안을 해체하고 안심을 심어줄 수 있을까?

학부모의 불안

- 정말 놀이만 해도 유아의 배움과 성장이 일어날 것인지에 대한 불안
- 우리 아이만 뒤처지는 것 아닌가, 하는 것에 대한 불안
- 놀이를 반대하는 것은 아니지만 놀이를 통해 학습이 이루어졌으면 하는 바람

놀이가 경시되는 문화에서 자란 세대인 학부모들에게 놀이중심 교육과정에 대한 불안은 당연한 일일지도 모른다. 학부모들의 불안을 어떻게 하면 해체할 수 있을 것인가에 대한 노력들이 사회문화적으로, 교육적으로 끊임없이 연구되어야 하며 불안을 해체한 곳에 놀이의 가치와 중요성에 대해 알림으로써 안심을 심어 주어야 한다. 유치원 현장에서는 점진적인 놀이중심 교육과정 운영으로 서서히 학부모도 함께 공감하는 교육과정을 만들어가야 할 것이다.

예를 들어, 놀이중심 교육과정의 처음 시작으로는 일주일에 하루정도 '온종일 놀이하는 날'(이후 유아가 재미있는 놀이 – '온종일해피데이'에서 자세히 설명함)로 정하여 꾸준히 운영하면서 놀이를 통해 달라지는 유아들의 모습을 안내하고 놀이의 가치와 중요성에 대한 학부모 교육과 홍보가 이루어진다면 학부모도 만족하는 놀이중심 교육과정 실현에 한발 다가설 수 있을 것이다.

교사는 뭘 하지?

놀이는 유아들이 자발적으로 주도하는 활동이다. 따라서 교사는 유아들의 놀이를 방해하지 않으면서도 놀이를 촉진하고 확장해줘야 한다는데 무얼 어떻게 해야 하는 걸까? 교사는 언제, 어디까지 개입해야 하는가? 그 기준은 무엇일까?

놀이에서 교사의 역할

- 놀이를 관찰하고 조력하는 역할
- 놀이 환경을 만들어주는 역할
- 놀이 촉진자 역할
- 상호작용하는 역할
- 감독하는 역할
- 평가하는 역할

대부분의 놀이지도 책에서 제시하고 있는 교사의 역할들이다. 모두 고개가 끄덕여지는 역할들인데, 막상 현장에서 무엇을 어떻게 어디까지 하라는 것인지 모호할 때가 있다. 어렵고 추상적인 말들에서 벗어나 쉬운 말로 놀이에서 교사의 역할을 제시해 보고자 한다.

우선, 교사는 눈치가 빨라야 한다. 놀이에 몰입하고 있는 유아에게 무엇을 제시해주면 놀이가 더 재밌어지고 확장될 것인가를 알고 자연스럽게 제시해주는 기술이 필요하다.

둘째, 교사도 함께 놀아야 한다. 아이들을 감독만 하며 우두커니 앉아있는 교사는 놀이시간이 지겹고 시끄럽고 힘들기만 하다. 아이들의 놀이 속으로 함께 들어가 놀다보면 시간 가는 줄 모르며 유아들의 관심과 발달단계는 자연스럽게 파악된다.

셋째, 놀이하면서 유아들과 대화해야 한다. 언어로, 몸으로, 표정으로 상호작용을 함으로써 교사와 유아간의 긴밀한 유대관계가 형성될 수 있다.

넷째, 놀이에서는 유아가 하는 대로 따라가야 한다. 놀이의 주체는 '유아'이기 때문이다. 단, 위험하거나, 교육적 필요가 있는 경우 교사가 제안하거나 지도해야 한다.

다섯째, 근사한 완성물을 기대하지 말아야 한다. 유아들과 즐겁게 놀았다면 그것으로 충분하다.

여섯째, 유아가 새로운 놀이방법을 찾아내면 꼭 칭찬과 격려를 해줘야 한다. 이 부분에서 교사의 세심한 관찰과 센스가 필요하다. 아주 조그만 변화도 알아차려 줄 때 유아들의 놀이는 폭발적으로 성장하기 때문이다.

일곱째, 놀이 후 기록해야 한다. 놀이 시 보였던 유아들의 특성, 변화 등을 교사는 꼼꼼히 기록하여 평가 자료로 활용해야 한다.

놀이는 계획이 없어도 될까?

대부분의 교사들은 유아들에게 무엇인가를 시도할 때 반드시 분명한 목표가 있고 치밀한 학습설계도를 그리곤 한다. 그래야 안전하게 목표달성을 할 수 있기 때문이다. 그런데 진정한 놀이는 놀이를 통해 얻고자하는 목적이 없을 때 이루어진다고 한다. 그렇다면 놀이중심 교육과정에서는 목표나 계획이 없어도 되는 걸까?

놀이중심교육이란

• 유아가 활동과 놀이에 자발적으로 참여하고, 즐거운 몰입의 경험을 통해 배움이 일어나도록 실천해 나가는 교육과정이므로 당연히 목표와 계획이 있어야 한다.

　단, 목표달성만을 위한 계획이 아니라 놀이의 과정 자체에 의미를 두는 계획이 필요하다.

　교사는 생활주제를 모두 다루어야 한다는 생각, 주제와 관련된 개념과 지식을 전달해야 한다는 부담감으로 주간교육계획의 모든 칸을 채우려고 노력한다. 또한 계획된 활동을 모두 운영해야 한다는 생각 때문에, 그때 그때 유아들의 자발적 놀이와 흥미를 반영할만한 여유가 없게 된다. 이제는 이러한 고정관념에서 벗어나 유아가 놀이에 몰입하여 깊이 있게 알아가고자 하는 부분에 대해서는 충분한 환경과 시간을 제공할 수 있는 여유로운 교육 계획을 세워 운영할 필요가 있다.

여유로운 교육계획 세우는 방법

• 연간교육계획안 및 월간교육계획안은 행사중심으로 계획
• 주간교육계획 및 일일교육계획은 블록 활동으로 단순화하여 계획
• 교사마다 자신이 작성하기 쉬운 방식의 교육계획안 작성
• 교사가 재량껏 자유놀이나 바깥놀이와 같이 유아들이 즐거워하는 활동은 온종일 하거나 오전과 오후 하루에 2회를 할 수 있도록 융통성 있게 계획

- 작은 단위의 주제를 생활주제로 선정

  예) 생활주제 '동식물과 자연' ⇨ 소주제 '궁금한 동식물'을 생활주제로 하여 동식물에 대한

  탐색이 충분히 이루어지도록 운영

- 생활주제 중 일부를 재구성하는 방법

  예) 생활주제 중 '봄'에서 식물과 곤충 부분은 생활주제 '동식물과 자연'을 연결하여 재구성

완벽한 놀이 수업은 없다
나만의 놀이교육과정 만들기

놀이중심 교육과정에 대한 교사의 '놀이에 대한 고민들'은 수업을 더 잘하고자 하는 교사의 바람에서 시작된다고 할 수 있다. 교사는 본연의 업무인 가르치는 일, 즉 수업을 잘했을 때 성취감을 느끼며 자존감과 효능감이 높아지기 때문이다. 그렇다면 놀이중심 교육과정에서 놀이를 통한 교육활동을 잘 할 수 있는 방법은 무엇일까? 교사들이 목표로 할 만한 완벽한 놀이 수업은 있을까?

수많은 유아교육 학자들의 수만큼 놀이의 개념, 정의들도 학자들마다의 다양한 내용을 가지고 있다. 따라서 각 유치원과 교사가 놀이에 대해 어떤 교육철학을 가지고 있느냐에 따라 놀이 수업의 목표와 전개 방안이 달라질 것이며 놀이 수업의 모습은 다양하게 나타날 것이다. 그러므로 '완벽한 놀이 수업'이란 존재할 수 없으며, 대신 유치원과 교사의 놀이에 대한 철학이 바탕이 되는 '바람직한 놀이 수업'은 가능할 것이다.

이번 장에서는 교사들이 '바람직한 놀이 수업'을 만들어가는 데 도움이 될 수 있는 놀이의 정의와 특성, 가치 등을 정리해 보고 다양한 놀이 전개방안을 모색해 보고자 한다.

놀이의 정의

오랜 기간 놀이를 연구한 학자들이 놀이에 대하여 공통적으로 내린 결론은 놀이를 한마디로 명확하게 정의하기는 매우 어렵거나 심지어는 거의 불가능하다는 것이다. 따라서 교사는 학자들의 정의를 참고하여 자신만의 놀이에 대한 정의를 만들어갈 필요가 있다.

프뢰벨

놀이는 가장 순수한 정신적 활동이며 동시에 인간과 모든 사물에 내적으로 감추어진 자연스러운 생활 전체, 즉 유아의 놀이는 곧 교육이다.

프로이트

모든 행동에는 동기가 있으며 놀이는 우연한 사건이 아니라 개인의 감정과 정서에 의해 결정되고, 놀이를 통하여 유아는 갈등을 해소한다.

듀이

놀이는 어떤 결과를 얻기 위해 의도적으로 하는 것이 아니라 모든 활동에 강조를 두는 것이다.

피아제

유아의 지적 발달은 환경과의 상호작용에 의한 결과이며, 이러한 환경과의 유기적 관계는 놀이를 통하여 일어나기 때문에 놀이는 유아의 지적 성장에 있어서 본질적인 활동이다.

놀이의 특성

학자들이 공통적으로 지적하는 놀이의 본질적인 특성은 다음과 같다.

놀이는 즐겁다

놀이는 긍정적 정서를 띠며 놀이하는 유아가 좌우한다. 피아제(1962) 또한 놀이에는 즐거움이 있다고 하였다.

놀이는 자발적이다

놀이는 내재적 동기에 의한다. 유아 스스로 놀이를 하겠다고 선택했을 때 놀이할 수 있다.

놀이는 상징적이다

놀이에는 상징성과 가상적인 특성이 있다. 다른 무엇인가를 상징한다. 특히 유아가 가상놀이를 할 때는 상상력과 창의성이 발휘된다.

놀이는 능동적 참여에 의해 가능하다

유아가 능동적으로 참여해야 놀이하는 것이다. 놀이의 흐름은 유동적이며 능동적이다.

놀이에서는 결과보다 과정이 중요하다

결과보다 과정이 중요하다는 것이 놀이를 일과 구분하는 기준이다. 놀이는 우발적인 것이며 단편적이다. 놀이에서는 놀이 그 자체가 중요한 것이다.

놀이의 가치

놀이는 아무도 가르칠 수 없는 것을 어린이들이 배우는 방법이며, 놀이를 통하여 세계를 이해하고 재창조하며 혁신하고 변화시킨다.

놀이는 유아의 신체적 발달을 돕는다.
놀이는 유아의 사회적 발달에 도움을 준다.
놀이는 유아의 정서적 발달에 도움을 준다.
놀이는 유아의 지적 발달에 도움을 준다.
놀이는 유아의 정신치료에 도움을 준다.

즉, 놀이는 건강한 신체와 안정된 정서를 형성시키며 자신감을 갖게 하고 지적으로도 많은 것을 배우며 사회적으로는 환경에 잘 적응할 수 있는 조화된 인격으로 성장시키는 교육적 활동이다.

유치원 교육과정과 놀이

놀이가 유아교육과정에서 중심에 있어온 이래로 꾸준히 논쟁이 되어온 것은 놀이가 교육 및 교수방법으로 활용되어야 한다는 입장과 놀이 자체가 교육의 내용이자 목적이어야 한다는 입장의 차이에서 비롯된다(엄정애 2001; Cannella, 1997; Chung et al., 2000).

　유치원 현장에서 놀이에 대해 어떤 입장을 취하느냐는 교사의 선택이며 그에 따라 놀이중심 교육과정의 운영방식은 달라질 것이다.

| 놀이가 교육 및 교수방법으로 활용되어야 한다 〈교사 주도적〉 | VS | 놀이 자체가 교육내용이고 목적이어야 한다 〈유아 주도적〉 |

- 교육적 놀이의 중요성을 강조(Hirsh, 2004)
- 교육기관에서 유아교육과정을 운영한다는 것은 교육적인 맥락과 결과를 의도하는 것으로 학습을 제외한 놀이는 이해하기 어렵다고 주장(Spodek&Saracho, 1998)
- 유아의 놀이에 교사가 적절히 개입하는 것이 놀이를 풍부하게 확장시킬 뿐 아니라 특정 놀이 능력을 증진시키고 놀이 지속 시간, 사회성 발달, 인지 발달, 언어 발달 등에 긍정적인 영향을 끼친다고 주장
(신은수, 박현경, 2006; 임혜영, 1999; Kltson, 1994)

- 놀이는 어느 누구에게도 간섭받지 않는 상태로 이루어져야 한다고 주장(조채영 외, 2006)
- 구조화된 놀잇감으로 인해 유아의 자유놀이가 방해받으므로 인공적인 놀잇감을 제공하지 말고 흥미영역의 구분이 없는 교실을 구성해야 한다고 주장(조채영 외, 2006)
- 유아의 놀이에 교사가 개입하는 것은 자발적인 유아의 놀이를 방해하는 요인으로 작용하여 놀이가 발달에 주는 영향을 감소시킨다고 주장(Enz & Christie, 1997)

그렇다면 현재 우리나라 국가수준 유치원 교육과정인 누리과정에서는 어떤 입장을 취하고 있을까?

현재 시행중인 3-5세 연령별 누리과정에서는 "놀이를 중심으로 교수·학습 활동이 이루어지도록 한다"(교육과학기술부 외, 2012, p. 27)고 진술되어 있다. 즉 놀이를 교수·학습의 원리로 안내하고 있는 것이다. 이는 놀이가 교육 및 교수방법으로 활용되어야 한다는 입장에 가깝다고 할 수 있다.

정선아와 김희연(2011)은 유치원 교육과정에서 놀이가 교수·학습의 원리로 제시되면서 교육 자체가 되어야 할 놀이가 도구화되어 버린다고 지적했다. 그들은 놀이가 교수·학습방법의 중심에 있는 것이 아니라 놀이 자체에 교육과정이 담겨 있어야 한다고 제시했다. 이는 놀이 자체가 교육내용이고 목적이어야 한다는 입장이라고 할 수 있다.

레빈(Levin, 2009)은 [그림-1]과 같이 '교사의 개입과 유아의 주도성 간의 관계'를 통해 교사의 많은 개입과 유아의 주도성이 높을 때가 가장 이상적인 놀이의 방향이라고 제시하였다.

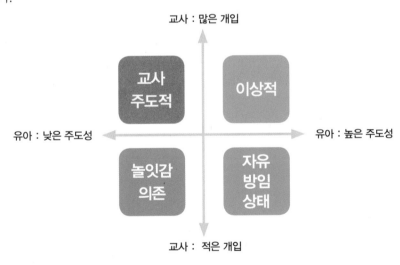

[그림-1] 교사의 개입과 유아의 주도성 간의 관계

교사가 적절히 개입하고 유아가 주도적으로 활동하는 경우, 교사가 통제하는 형태가 아닌, 안내하고 제안하는 방법으로 유아의 놀이 설계를 촉진할 수 있다고 하였다. 즉, 의도적이기는 하지만 놀이스럽게 활동을 제공하는 방법이 사용되어야 한다고 하였다. 이는 교사주도의 입장과 유아주도의 입장이 균형을 이루어야 함을 시사하고 있다.

실제 대부분 유치원 현장에서 이루어지고 있는 유치원 교육과정에서의 놀이는 두 가지의 양분된 입장을 적절히 조합하여 유아주도와 교사주도의 균형, 놀이와 교육의 균형을 지향하고 있다. 유치원 하루 일과에서도 이야기나누기, 동시, 동화 등 교사 주도적 활동에서는 놀이가 교육 및 교수방법으로 활용된다고 할 수 있고, 자유놀이와 바깥놀이는 유아 주도적 활동으로 놀이자체가 교육내용이고 목적이 된다고 할 수 있다.

따라서 놀이중심 교육과정에서는 두 가지 입장의 적절한 조화 속에서 교육과정과 놀이를 연계하고, 놀이와 교육의 균형을 어떻게 실천할 것인가에 대한 고민을 통해 교사 자신만의 놀이중심 교육과정을 만들어 갈 필요가 있다.

놀이중심 교육과정 전개

놀이중심 교육과정 속에서 놀이와 교육의 균형을 위해 교사가 어떻게 놀이를 전개해나 갈 것인가는 항상 교사의 고민거리이다. Van hoorn, Nourot, Scales와 Award(1993)는 교육과정 속에서 교사가 놀이를 풀어나갈 수 있는 방법으로 '교육과정으로부터의 놀이' 와 '놀이로부터의 교육과정'을 제시하였다. 이를 바탕으로 놀이중심 교육과정을 전개하 는 방법을 제안해 보고자 한다.

1. 교육과정으로부터의 놀이

교육과정을 바탕으로 교사가 제시하는 교육적 환경에서 유아가 놀이하는 것으로 교 사주도성이 높은 이야기나누기나 동시, 동화 등 활동이 주로 포함된다. 이를 놀이중심으 로 전개하기 위해서는 활동이 놀이적 요인(즐거움, 선택, 주도성, 몰입, 과정지향성)을 포함해야 한다. 놀이적 요인이 최대한 포함되어야 활동을 유아들이 놀이로 인식한다고 한다(경기도 교육청, 2017).

놀이적 요인

- 즐거움: 유아에게 놀이의 기준은 즐거움이다. 유아들은 교사와의 대집단 활동도 즐거 움을 느낀다면 놀이로 기억한다.
- 선택: 유아는 흥미와 요구를 반영하여 놀이를 선택할 때 활동에 더욱 몰입하게 된다.
- 주도성: 유아들은 자신의 의지대로 주도적으로 활동할 때 즐거움을 느끼고 놀이라고 느낀다.
- 몰입: 유아는 흥미와 호기심에 따라 놀이를 선택하고 주도적으로 놀이할 때 즐거움을 느끼고 활동에 쉽게 몰입하게 된다. 이러한 몰입의 과정은 새로운 창조의 경험과 노력 의 시간으로 유아들에게 성취감을 갖게 한다.

- 과정지향성: 유아는 놀이의 과정 자체를 즐거워하며 결과에 대한 부담 없이 새로운 다양한 시도들을 한다.

2. 놀이로부터의 교육과정

유아들의 자유놀이에서 교사가 교육적 의미를 포착하고 교육과정으로 끌어들이는 것으로 유아주도성이 높은 자유선택활동과 바깥놀이활동 등이 포함된다. 유아주도성이 높은 놀이 상황에서 의미 있는 놀이로 이끌기 위해서는 적절한 교사의 역할이 필요하다. 교사는 유아가 필요로 하는 자료나 도움을 제공해 줄 수 있고, 놀이에 참여하여 적절한 상호작용 및 놀이의 모델링을 제공해 주고, 놀이가 다음 단계로 확장될 수 있도록 새로운 방법을 소개하는 등 다양한 교사 역할을 수행할 수 있다.

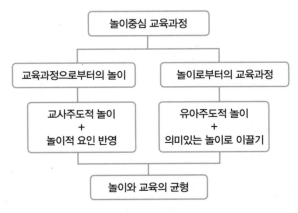

[그림-2] 놀이중심 교육과정 전개 방안

유치원에서 이루어지는 활동은 놀이적 요인의 정도에 따라 교사주도적 활동과 유아주도적 활동으로 나뉠 수 있으며, 활동의 특성과 목표에 따라 놀이와 교육이 균형 있게 이루어져야 한다. 교사주도적 활동에서는 놀이적 요인이 최대한 반영될 수 있도록 노력해야 하고, 유아주도적 활동에서는 놀이적 요인이 훼손되지 않도록 하면서도 유아들의 놀이가 교육적 의미를 갖도록 해야 한다(경기도교육청, 2017).

놀이 수업 전개

놀이와 교육이 균형 있는 놀이중심 교육과정을 수립했을지라도 현장에서 놀이가 수업으로 들어왔을 때에는 또 다른 고민에 부딪히는 경험을 하게 된다. 놀이 수업을 어떻게 시작하고, 전개해야 하는지에 대한 문제이다. 따라서 유치원 현장에서의 경험을 바탕으로 놀이 수업 전개 방안을 제안하고자 한다. 그러나 제시되는 놀이 수업 전개 방안은 어디까지나 개인적 견해이며 다양한 방안들 중에 하나의 방법이므로 참고용으로만 활용되길 바란다.

　놀이 수업은 보통 두 가지 방법으로 시작할 수 있다. 교사가 놀이를 제안하는 방법과 유아들이 놀이를 창안하는 방법이다. 놀이 수업 전개 방안은 [그림-3]과 같다.

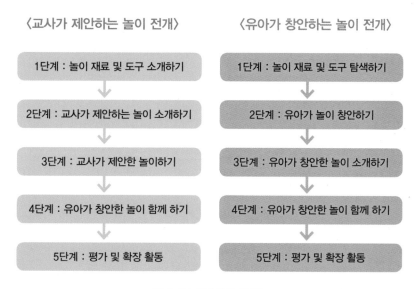

[그림-3] 놀이 수업 전개 방안

교사가 제안한 놀이 수업은 교육과정과 연관된 놀이를 실행하고자 할 때 주로 활용된다. 예를 들어 누리과정 지도서의 '첨벙첨벙 물 실험실'이나 '병원놀이', '시장놀이' 등은 교사의 제안으로 놀이가 시작될 수 있다. 이러한 놀이 활동들은 교사의 제안으로 놀이가 시작되었더라도 진행되는 과정에서 놀이적 요인(즐거움, 선택, 주도성, 몰입, 과정지향성)이 반영되도록 유도하고, 더불어 유아가 창안한 놀이도 함께 할 수 있는 여지를 주어 유아주도의 놀이 경험을 가질 수 있도록 한다면 놀이와 교육이 균형을 이루는 놀이 수업이 될 것이다.

한편, 유아가 창안하는 놀이 수업은 재료와 도구가 유아들에게 흥미롭고 단순하며 친근할 때 가능하다. 예를 들어 풍선이나 공, 공룡, 다양한 자연물 등의 재료들을 소개하면서 유아들에게 놀이 창안의 기회를 주면 다양하고 재미있는 놀이 아이디어들이 쏟아져 나온다. 유아들의 놀이 아이디어를 모은 후에는 놀이들 중 함께 하면 재밌을 놀이들을 유아들과 함께 선정하여 놀이해 볼 수 있다. 놀이 선정 시 교사는 놀이의 안전성, 교육과정과의 연계성을 고려하면서 유아가 좋아할 만한 놀이로 유도할 필요가 있다. 또한 유아가 창안한 놀이 전개과정에서 교사는 유아가 놀이에 몰입할 수 있는 환경을 구성해 주고 놀이를 지지하고 격려해주도록 해야 한다.

놀이에 푹 빠지다

이렇게 보면 편리해요

오른쪽 위에 표가 있어요.

준비물	소요시간	집단	활동성
✕	5~10분	집단	제자리

✕ 1 2 는 필요한 준비물 개수입니다.

집단은

대집단 👧👧👧👧 , 소집단 👧👧👧 , 개별활동(1~2명) 👧👧 으로

구별하였습니다.

활동성은

'제자리 떼기'활동과, '움직임'이 많이 필요한 활동, 👧👧 원을 만들어서 하는 활동으로

나누었습니다.

☝ ✌ 은 하루만으로 충분한 놀이인지, 이틀 이상 연계하여 하면 좋은 놀이인지 확인

하고 참고하세요.

(교사가) 쉬운 놀이

놀이에 대한 준비를 최소화하여 수업준비에 부담을 없애고, 유아들은 즐겁게 유아주도로 참여할 수 있는 놀이들로 선별하였다.

집중놀이에서는 전이시간이나 주의집중할 때 간단히 5분 이내로 할 수 있는 놀이들이다.

준비물이 없는 놀이는, 미리 챙겨야할 준비물이 아무것도 없고, 활동방법을 한 번 읽기만 해도 교사들이 쉽게 이해하여 활동할 수 있을 것이다.

준비물이 1~2개 필요한 놀이는, 쉬우면서도 줄넘기줄이나 후프 같은 어떤 기관에서든 가지고 있는 준비물을 활용한 놀이를 포함했다.

전래놀이도 준비물이 거의 필요하지 않는 놀이 위주로 선별하였는데, 준비물이 필요한 것도 바닥에 선표시를 하는 마스킹테이프 정도이며, 운동장에서 바닥에 나뭇가지로 그린다면 이마저도 준비물은 없다.

자연놀이는 바깥에서 손쉽게 수집할 수 있는 자연물들을 이용한 놀이들로 선별하였다. 자연놀이 역시 아주 간단하고 쉬운 놀이들이다.

누리과정에서 찾은 놀이는 누리과정 4세와 5세 지도서에 소개된 활동 중에서 준비물을 최소화하고 유아주도로 놀이할 수 있는 활동들을 선별했는데, 대개 신체활동과 바깥놀이 활동에 해당되었다.

여기에서 소개된 놀이 중 '누리과정에서 찾은 놀이'를 제외하고는 저자들의 순수창작 활동도 있지만, 다년간 각종 연수 등에 참여하여 배운 활동 중 유아들에게 반응이 좋았던 것들, 다양한 관련 서적에서 찾은 유용한 활동들 중에서 고른 것임을 밝힌다.

준비물	소요시간	집단	활동성
✕	5~10분	👫👫👫	제자리

선생님을 이겨라, 가위바위보!

1명 대 전체 유아: 전체 유아로 가위바위보해서 진 유아는 자리에 앉는다.

아이들과 가위바위보를 하면, 아이가 다음에 낼 순서가 빤히 읽혀질 때가 많지요. 속으로 웃음을 꾹 참으면서 일부러 져주는 경험들이 누구에게나 있을 텐데요. 선생님 대 아이들로 다수로 가위바위보를 하게 되면 굳이 일부러 져 줄 필요가 없답니다. 그런데 아이들이 무척 집중하며 열심히 해요. 단, 졌는데도 앉지 않고 슬쩍 손을 바꾸는 친구들을 유의하세요. 참~! 그런 친구들은 옆 친구들이 다 알려 주긴 하지만요.

놀이방법
① 교사 대 전체 유아로 가위바위보를 한다.
② 가위바위보를 해서 교사에게 진 유아들은 자리에 앉는다.
③ 마지막까지 살아남은 유아가 승리한다.
④ 유아 한 명이 나와서 전체 유아와 가위바위보를 할 수 있다.

준비물	소요시간	집단	활동성
✕	5~10분		제자리

맛있는 박수

맛있는 박수 문제에 틀린 유아는 자리에 앉는다.

유아가 돌아가면서 직접 문제를 낼 수 있다.

같은 것끼리 유목화시킬 수 있고, 다른 성격의 것들을 찾아낼 수 있는 유아기에 할 수 있는 재미있는 수수께끼 놀이에요. 음식이름을 부르다가, 갑자기 "맛있는 방귀~!" 이렇게 말하면 모두 꺄르르르르~. 간혹 "맛있는 다솜~!" 하고 친구 이름을 넣어줘도 빵 터집니다. 단, 한 친구 이름을 부르게 되면 그 다음부터는 반 아이들 이름을 다 돌아가면서 불러야 할지도 몰라요.

> **Tip**
>
> 맛있는 박수가 익숙해지면, 다른 주제어로 할 수 있다. [과일 박수], [채소 박수], [시원한 박수], [땅에서 보는 것 박수], [교통기관 박수], [꽃이름 박수], [동물 박수]……

놀이방법

① 앞에서 교사가 단어를 하나씩 말하는데, 맞는 단어면 박수를 두 번 치고, 맞지 않은 단어면 박수를 치지 않는다.

② [맛있는 박수 시작!] : 수박 (짝짝) / 참외 (짝짝) / 짜장면 (짝짝) / 피자 (짝짝) / 선풍기 (×)

③ 단어는 끊지 않고 이어서 계속한다. 틀린 유아는 박수를 치지 않고 기다린다. 단, 맞는 단어가 나왔는데 박수를 치지 않는 것도 틀린 것으로 본다.

④ 모두 일어서서 시작하여, 틀린 유아는 앉는 식으로 최종 1인이 남을 때까지 할 수 있다.

⑤ 요령만 알면 유아들이 돌아가면서 문제를 낼 수 있다.

준비물	소요시간	집단	활동성
✕	5분	👧👦👧👦👧	제자리

손가락만 보고 해봐요

손가락은 참 신기하고 요술쟁이에요.

손가락 다섯 개를 펴면 악수를 할 수 있고, 손가락을 세 개를 접으면 사랑한다는 하트를 만들 수 있고, 손가락 두 개는 V자를 그려 승리를 표시하며, 손가락 하나로는 엄지는 최고가 되지요. 다섯 손가락 중 우리 어린이들이 제일 좋아하는 손가락은 뭘까요? 엄지가 아닐까요? 아이들을 향하는 따뜻한 눈길과 엄지. "잘했어! 최고!" 아이들을 신뢰하고 인정하고 격려하는 많은 뜻이 담겨 있으니까요.

엄지를 자주 사용하는 교사…….

아이들과의 약속을 만들어서 교실규칙으로 사용해보세요. 교실 속에서 훨씬 더 행복하고 웃음꽃이 피어 날 것입니다.

놀이방법
① 손가락 하나를 펴면 유아는 머리에 손을 올린다.
② 손가락 두 개를 펴면 유아는 어깨에 손을 올린다.
③ 손가락 세 개를 펴면 유아는 박수를 세 번 치고 머리에 손을 올린다.
④ 손가락 네 개를 펴면 가슴에 양손을 포개어 올린다.
⑤ 손가락 다섯 개를 펴면 손을 맞잡아 무릎에 올린다.
⑥ 손가락을 차례차례 펴고 접었다가, 순서에 상관없이 펴서 유아가 자세약속을 해보도록 한다.

(2 → 4 → 1 → 2 → 2 → 5 → ……)

Tip
펴는 손가락 개수에 따른 자세 약속은 유아와 다른 것을 정해서 해도 된다.

집중놀이

준비물	소요시간	집단	활동성
✕	5분	👦👧👦👧	제자리

계단박수

박수는 장소와 공간에 제한되지 않는 좋은 놀이로서 도구가 필요없어요. 박수 하나로 졸린 어린이들의 눈을 또랑또랑하고 말똥말똥하게 할 수 있으며, 어린이들의 시선을 한눈에 끌 수도 있기 때문이죠. 계단박수는 의외로 재미있고, 묘한 매력이 있어요. 교실이 소란할 때, 숫자 개수만큼 계단식으로 더해가며 치는 박수로 아주 짧게 하면, 주의집중이 잘 된답니다.

박수치는 것 하나만으로도 우리의 삶에 활력을 줄 수가 있대요. 피의 흐름을 손바닥으로 주어 혈액순환에도 좋은 박수, 스트레스가 쌓이거나, 머리가 아플 때 긴장감을 풀어주는 박수로, 우리 모두 자신감 넘치게 살아 봅시다.

놀이방법
① 교사가 두 손을 앞으로 내고 "박수로 계단을 올라갑시다. 계단박수 준비" 하고 말하면, 유아들은 "야" 하며 두 손을 앞으로 내민다.
② 교사가 "지금부터 박수를 치며 계단을 5층까지 올라갑니다."
　 짝, 짝짝, 짝짝짝, 짝짝짝짝, 짝짝짝짝짝
③ 교사가 "이제 내려올까요?" 짝짝짝짝짝, 짝짝짝짝, 짝짝짝, 짝짝, 짝

Tip
• 처음에는 올라가는 박수, 내려오는 박수만 한 후 익숙해지면 연속으로 올라갔다 내려오는 계단박수를 쳐본다.
• 꼭 교사와 마주보는 대형이 아니라, 모둠별로 앉아서 서로 맞는지 보며 박수를 쳐봐도 재미있다.

준비물	소요시간	집단	활동성
✕	5분	👫👫👫	제자리

난다, 난다, 하늘을 난다

청명한 가을 하늘에 멋진 날개로 하늘을 나는 새, 하늘에 오르자 날개가 커진 비행기 등 우리 주변에는 하늘을 날 수 있는 것들이 매우 다양합니다. 하늘을 나는 동물들이나, 교통수단을 교사가 말하면서 '난다'라고 말하면 그 단어 수만큼 박수를 크게 치면 됩니다.

중간에 하늘을 나는 것이 아닌 것도 슬쩍 넣어서 이야기하세요. 그 때 박수를 치면 안 돼요. 잘 듣고 박수를 쳐야 하기 때문에 아이들의 정신을 흠뻑 뺏어 버려서, 교사의 말을 초집중해서 들어야 놀이를 잘 따라 갈 수 있답니다.

놀이방법
① 교사가 "난다, 난다, 비행기가 난다"는 식으로 말한다.
② 유아는 '난다'의 단어 수만큼 손뼉을 크게 친다.
③ 교사가 "난다, 난다, 난다, 난다, 헬리콥터가 난다"라고 하면, 유아는 손뼉을 네 번 친다.
④ 손뼉을 잘못 친 유아가 있을 시 유아가 나와서 진행하도록 해본다.

> **Tip**
> 하늘을 나는 것이 아닐 때에는 박수를 쳐서는 안 된다.

집중놀이

준비물	소요시간	집단	활동성
✕	5분	👥👥👥	제자리

앉아서 얼음 땡

자유롭게 움직이다가~

"얼음" 하면 교사를 바라보고 멈추기

얼음땡 놀이는 원래 바깥에서 신나게 하는 놀이이지요. 하지만 응용하여 교실에서 해볼 수 있어요. 아이들이 소란스럽고 자기들끼리 마음껏 이야기하도록 내버려 두다가 갑자기 "얼음" 하는 거지요. 처음에는 잘 듣지 못하는 아이들도, 주변의 분위기와 선생님의 표정을 보고 뒤늦게 알아차릴 거예요. 조용해진 순간 "땡~!" 하면 또 시끌시끌. 하지만 선생님이 또 언제 "얼음"할지 모르니까 선생님에게서 눈은 떼지 못한답니다. 그럴 때 또 "얼음!". 아이들은 자기도 모르게 숨까지 참으며 얼음이 되지요. 이번엔 얼음의 시간을 늘려 봐요.

그러다 땡~! 참았던 웃음이 터집니다.

놀이방법
① 교사가 "얼음" 하면 모든 유아들이 움직이던 자세 그대로 멈추기로 약속한다. 단, 교사를 바라보고 소리내던 것도 멈춘다.
② 움직이는 유아가 있으면 교사는 다시 "얼음"이라고 외친다.
③ 교사가 "땡" 하면 유아는 움직일 수 있다.

> **Tip**
> 유아들이 알아들을 수 있게 "하나 둘 셋, 하나 둘 셋"을 말하면 유아들이 마음의 준비를 할 수 있다.

준비물
없는 놀이

준비물	소요시간	집단	활동성
✕	20분 이상		제자리

이구동성 퀴즈

세 명의 유아가 세 글자 단어를 정해 각각 하나씩 외친다.

어릴 때 재미있게 시청했던 TV 프로그램 [가족오락관]에서 단골게임으로 했던 놀이에요. 근데 아이들이 하면 처음에는 정말 쉽게 맞출 수 있어요. 딱딱 맞춰서 한 목소리로 소리를 잘 못 내거든요. 하지만 그렇게 너무 쉽게 맞추다 보면, 승부욕이 생긴 아이들이 자기끼리 열심히 연습해 오

더라구요. 자기 팀끼리 협력하고, 연습하고, 노력해서 달라지는 과정도 의미있는 놀이입니다.

놀이방법
① 세 명씩 팀을 정하고, 세 글자로 된 단어를 하나 정한다. 한 명씩 한 글자를 정하고, 신호에 따라 동시에 자기가 정한 글자를 외친다.
② 유아들은 동시에 들리는 글자들이 어떤 단어인지 맞춘다.
③ 답을 맞히면 동시에 외쳤던 글자를 하나씩 말해주어 확인해준다.
④ 익숙해지면, 단어의 글자를 4~5개로 늘려서 할 수 있다.

Tip
확장놀이로, 네 명이 팀을 만들고 세 개의 글자로 된 단어를 정해서 같이 외친다. 유아들은 단어를 맞히고, 또 소리를 내지 않고 입모양만 만든 유아 1명(립싱크)을 찾는다.

준비물	소요시간	집단	활동성
✕	20분 이상	👥👥👥	움직임

교실 내 보물찾기

교실 내에서 감출 보물을 정하고 유아들에게 보여준다.

보물을 찾는 유아가 감춘 보물에 가까이 가면 박수를 쳐
준다.

'보물찾기'라는 말 자체가 주는 신비로움과 호기심이 대단한 것 같아요. 매일 보는 장난감, 교구일 뿐인데, '보물'이 되는 순간 너무너무 찾고 싶은, 꼭 찾아야 하는 대단한 것으로 탈바꿈하지요. 보물을 감춘 친구와 '우리'들만 감춘 장소를 알고 있다는 것만으로도 두근두근 비밀스러운 즐거움이 느껴져요. 그런데 꼭 누군가가 "나 그거 어디 숨긴지 아는데~ 쌓기영역 바구니에 있어"라고 산통을 깨는 아이가 있지요. 그래서 한 번만으로 끝날 수 없는 무한반복할 수 있는 놀이가 됩니다.

놀이방법
① 교실 내 놀잇감 중 하나를 보물로 정한다.
② 술래(보물 찾을 유아)를 정하고 교실 밖으로 잠깐 내보낸다.
③ 교실 안에 있는 유아 중 한 명을 정해 보물을 교실 내에 숨긴다.
④ 술래가 들어와서 교실에서 보물을 찾는다. 다른 유아들은 술래가 보물에
　 가까이 가면 손뼉을 쳐서 힌트를 준다.
⑤ 술래가 보물을 찾으면 성공이고, 보물을 숨기는 역할을 한다. 처음에 보물을 숨긴 친구가 다음 술래
　 를 지목한다.

Tip
놀이가 익숙해지면 술래와
보물 숨기는 역할을 두 명씩
정해 동시에 같이 할 수 있다.

준비물	소요시간	집단	활동성
✕	20분 이상	👧👦👧👦	움직임

교실 속 틀린 그림 찾기

한 팀이 의견을 모아 교실 내 모습을 몰래 바꾼다.

다른 팀이 들어와서 바뀐 곳을 찾는다.

바꾸기 전

바꾼 후(책상, 화분, 교구장)

학창시절에 재미있게 하던 오락게임 중 하나가 [틀린 그림 찾기]였어요. 쉬운 것부터 점차 단계를 높여가며 맞춰가는 재미가 쏠쏠했죠. 아이들이 머리스타일을 바꾸고 올 때마다 멋지다고 추켜 세워주고, 교실 환경을 바꿀 때마다 바뀐 것을 찾아보자고 했더니, 점차 관찰력이 세심해지는 것 같았어요. 그래서 아이들이 직접 환경을 바꾸어보고 맞춰보는 놀이를 했어요. 이 놀이를 하기 전에, 한 명의 유아가 몰래 자기의 옷이나 머리스타일을 바꾸고 알아맞히도록 하면 더 재미있고 쉽게 접근할 수 있답니다.

놀이방법

① 두 팀으로 나눈다. 교실 곳곳을 사진으로 찍어 둔다.

② 한 팀은 교실 밖에 나가서 교실 안을 보지 않고 기다린다.

③ 나머지 팀은 교실에서 5곳을 바꾼다 (교구장 옮기기, 커튼 내리기, 오늘의 날짜판의 숫자 바꾸기, 책상 위치 바꾸기, 교구 바구니 바꾸기 등).

④ 바꾸기가 끝나면 교실 밖에 있던 팀이 들어와 달라진 부분을 찾아본다. 모두 찾으면 찍었던 사진을 보며 비교해본다.

⑤ 역할을 바꾸어 해본다.

> **Tip**
> 교실의 부분을 바꿀 때 교사는 난이도를 조절해줄 수 있다. 교실 전체가 어려우면 영역을 조절해 줄 수 있다.

준비물	소요시간	집단	활동성
✕	20분 이상		

척척 잘난 척

척(무릎)

척(손뼉)

잘난(엄지)

척(엄지)

동그라미로 앉아 순서대로 이야기한다.

우리가 어린 시절 했던 [아이엠 그라운드 ~♬ 자기소개하기~ ♪]의 응용버전입니다. 한 번 익혀두면 다양하게 변형해서 사용할 수 있어요. 처음에는 박자를 잘 못 맞춰서 자꾸 끊어질 거예요. 그럴 때 미리 생각하고 정할 시간을 주고, 무릎과 손뼉 박자를 계속 치도록 하면 조금씩 박자를 맞춰서 나중에서 모든 친구들이 한 바퀴 돌 수 있어요.

놀이방법

① '척/척/잘난 척' 박자를 익힌다.

② 리듬연습이 끝나면 유아들이 자기 자랑거리를 생각해보게 한다.

③ 모든 유아가 동그랗게 앉아서 박자를 치며 자신의 자랑거리를 말한다. (척/척/잘난척/노래를 잘해→척/척/잘난척/달리기를 잘 해→척/척/잘난척/태권도를 잘 해→척/척/잘난척/잘 웃어)

④ 자기 자랑거리를 말하지 못하거나 리듬을 맞추지 못한 유아는 한 바퀴가 모두 돈 다음에 다시 한다.

박자 리듬의 예시

척	척	잘난	척
무릎치기	손뼉치기	오른 엄지손가락	왼 엄지손가락
피아노를		잘	쳐

아이엠 그라운드 변형리듬이므로 다양하게 활용할 수 있다.

▶ 자기 이름 말하기

무릎치기	손뼉치기	오른 엄지손가락	왼 엄지손가락
·	·	중	기

▶ 동물이름 말하기

무릎치기	손뼉치기	오른 엄지손가락	왼 엄지손가락
·	·	코끼	리

▶ 시원한 것 말하기

무릎치기	손뼉치기	오른 엄지손가락	왼 엄지손가락
·	·	부	채

손잡고 엘리베이터 타기

손을 잡고 엘리베이터 층 수만큼 올라갔다 내려간다.

손을 잡고 잘 되면, 어깨동무를 하고 넘어지지 않게 해
본다.

아이들은 아직 섬세한 힘조절이 좀 서투르지요. 그래서 함께 힘을 모아야 하는 놀이에서 서로의 힘과 스킬 차이 때문에 잘 못하는 경우들이 있어요. 그럴 때 서로에게 맞출 수 있는 방법과 이유를 터득할 수 있는 놀이예요. 서로 손을 잡거나 어깨동무하면서 키득키득……. 한 명이 삐걱거리면 모두 함께 우르르 쓰러지기도 하고, 서로 가까이에서 스킨십하며 몸으로 하는 재미있는 놀이예요. 잘 하게 되면 서로 마주보지 않고, 등을 돌리고 손을 잡거나 팔짱을 끼고 해도 재미있어요.

놀이방법

① 모둠별로 손을 잡고 동그랗게 선다.

② 처음에는 쪼그려 앉아서(1층) 시작한다.

③ 2층, 3층, 4층…… 층이 높아질수록 손을 잡은 채 조금씩조금씩 일어선다.

④ 모두 다 끝까지 일어서면 한 층씩 다시 내려가며 손을 잡은 채 조금씩 앉는다.
유아들이 서있는 높이가 너무 다른 모둠이나, 한 명의 유아라도 주저앉으면 놀이를 멈추고 그 모둠은 모두 앉아서 기다린다.

⑤ 협동심과 균형감을 유지하며 마지막까지 남은 모둠이 이긴다.

⑥ 손을 잡고 잘 되면, 어깨동무를 하고 가까이 서서 할 수 있다.

Tip
유아들이 모둠별로 하는 것이 익숙해지면, 점점 참여수를 줄여 4명, 3명, 2명씩 손을 잡고 하면 난이도를 높일 수 있다.

준비물	소요시간	집단	활동성
✕	20분 이상	👨‍👩‍👧	움직임

부우웅 끽!

'부우웅' 소리에 본인이 원하는 방향으로 이동하며 정해진 지점까지 먼저 가면 승리한다.

'끽!' 소리에는 멈춘다.

움직였다, 멈췄다 하는 단순한 게임에 다양한 미션을 넣어 봐요. 교통사고 나지 않기, '부우웅~'할 때는 한 발로만 가기, '끽' 할 때는 제일 웃긴 표정 짓기, '부우웅~' 할 때 움직이면서 하트스티커 5개를 친구 5명에게 먼저 붙이고 오기. '끽'할 때는 누구든 친구랑 엉덩이 맞대기 등등…… 미션을 하나씩 추가할 수 있고, 그럴수록 더 재미있어져요.

Tip

'부우웅' 소리를 길게 혹은 짧게 하는 등 소리길이에 변화를 주며 다양하게 할 수 있다.

놀이방법
① 유아들이 각자 서고 싶은 곳에 선다.
② '부우웅' 소리가 나면 자기가 가고 싶은 만큼 가고 싶은 방향으로 갈 수 있다.
③ '끽' 소리가 나면 멈춘다.
④ 미리 정해 놓은 지점, 혹은 반환점을 돌아와서 먼저 도착한 유아가 이긴다.

준비물
없는 놀이

준비물	소요시간	집단	활동성
✕	20분 이상	👨‍👩‍👧‍👦	🧒

나는 껌

한 명 유아는 껌이 되어 바닥에 달라 붙고 다른 유아가 떼낸다.

한 명으로 잘 안되면 두 명이 팀이 되어 떼내거나 몸을 돌릴 수 있다.

힘겹게 한 쪽 다리를 떼어 놓고 팔을 떼어 놓으려고 하면, 다리가 다시 땅에 붙어 버리고, 겨우겨우 배를 떼어 놨더니, 뱅그르르 다시 붙어 버리고, 엎드려 있는 아이가 훨씬 유리하기 때문에 낑낑대고 친구를 떼어놓는 아이들도 꾀가 생겨 간지럼을 태우기도 하지요. 약간의 반칙은 살짝 모른 척하는 센스도 필요하네요.

Tip

유아를 잡을 때 팔을 뒤에서 올려 당기거나 머리를 잡으면 아플 수 있음을 알려준다.

놀이방법

① 술래는 교실 바닥에 엎드려 껌처럼 달라붙어 있다.

② 다른 유아 한 명이 교실 바닥에 있는 유아를 잡아 떼 내거나 유아 몸을 굴려서 뒤집는다.

③ 유아들의 연령에 따라 떼어내는 유아를 1~2명으로 조정할 수 있다.

준비물
없는 놀이

준비물	소요시간	집단	활동성
✕	20분 이상		움직임

너랑 나랑 한 몸

이마를 맞댄 채 정해진 곳을 돌아온다.

마주대는 신체 부위는 다양하게 바꿀 수 있다.

아이들과 정말 아무 준비없이 간단히 할 수 있는 게임이에요. 처음에는 가장 쉬운 손바닥 마주대기부터, 이마 마주대기, 어깨 마주대기, 엉덩이 마주대기, 뒤통수 마주대기, 빰 마주대기, 가슴 마주대기, 발바닥 마주대기 등등 부분을 바꾸어 주는 것만으로도 재미있는 모습이 연출됩니다.

Tip
놀이가 익숙해지면, 마주대는 신체부분 사이에 종이나 티슈 등을 넣어서 떨어지지 않게 이동할 수 있다.

놀이방법
① 2명씩 짝을 만들고, 신체의 한 부분을 서로 마주댄다.
② 신체 한 부분을 마주댄 채로 정해진 지점을 돌아온다.
③ 마주대는 신체 부분은 처음에는 한 손바닥, 두 손바닥, 어깨, 이마 등 순서로 난이도를 높일 수 있다.

준비물
있는 놀이

쓰담쓰담으로 알아요

앞 유아를 볼 수 없게 눈을 가린다.

손으로 만져서 앞의 유아가 누군지 맞혀본다.

눈을 감으면 또는 눈을 가리면 다른 감각들이 살아납니다. 귀가 쫑긋해지고, 코가 벌름거려지고, 손의 감각은 예민해집니다. 평소에 듣지 못한 소리들이 들리기 시작합니다. 평소에 맡지 못한 향기와 냄새들을 맡기 시작합니다. 평소에 느끼지 못한 느낌들을 알아차리기 시작합니다. 그리고 머릿속에서는 이 모든 정보를 분석하기 시작합니다. 인간의 몸은 하나가 사라지면 그 하나를 채우기 위해 무던히도 애를 씁니다. 신기하고 놀랍습니다. 아이들이 눈을 가린 채 쓰담쓰담하면서 눈으로는 볼 수 없는 친구의 체취와 느낌, 온기를 꼭 느껴보면 좋겠습니다.

준비물 안대(혹은 머리에 쓸 수 있는 종이봉투)
놀이방법

① 술래를 한 명 정하고 안대를 쓴다.
② 술래 모르게 유아 중 한 명을 데리고 나와 술래 앞에 세운다.
③ 술래는 앞에 있는 유아의 얼굴과 머리, 옷 등을 손으로 만져서 누구인지 맞춘다. 이 때 앞에 있는 유아는 소리를 내지 않는다.
④ 술래가 앞에 있는 유아를 맞히면, 앞에 있는 유아가 술래가 되어 안대를 쓰고, 술래였던 유아가 다음 유아를 지목해 조용히 데리고 나온다.

> **Tip**
> 술래가 앞의 유아를 만져서 맞추지 못하면, 두 번째 힌트로 소리를 내어 목소리로 맞추게 한다("안녕?" 혹은 자기 이름이 아닌 다른 친구 이름 말하기 등).

준비물	소요시간	집단	활동성
1	20분 이상	👨‍👩‍👧‍👦	움직임

티슈를 잡아라

다른 친구의 이름을 부른 후, 티슈를 높이 던진다.

이름 불린 유아는 티슈가 떨어지기 전에 나와 티슈를 잡는다.

티슈를 하늘을 향해 날리는 순간 이름이 불린 친구는 티슈를 향해 뛰어 오릅니다. 티슈의 가벼움을 믿었건만 생각보다 빨리 떨어지는 티슈 때문에 놀이에 긴장감이 더해집니다. 티슈가 늦게 떨어지게 하려고 두 겹의 티슈를 한 겹으로 나눠보기도 하고 방향을 다르게 던져보기도 합니다. 티슈 한 장으로도 이렇게 저렇게 궁리해 보는 놀이가 펼쳐집니다.

Tip

동그라미로 앉는 유아수가 너무 많으면 나오는 데 시간이 많이 걸리므로 6명 이내로 시작할 수 있다.

준비물

티슈 한 장

놀이방법

① 유아들은 원 모양으로 선다(혹은 앉는다).

② 자기 이름을 한 번씩 다 이야기하고, 한 유아가 가운데서 티슈를 위로 높이 던지며 친구 이름을 부르고 빈자리에 가서 앉는다.

③ 이름이 불린 친구는 얼른 나와 티슈가 떨어지기 전에 잡는다.

④ 또 다른 친구 이름을 부르며 티슈를 높이 던지고 빈자리로 간다.

⑤ 티슈를 잡지 못하면 티슈를 조금씩 잘라낸다.

준비물
있는 놀이

로션으로 손놀이

로션을 손에 충분히 올린다.

로션을 손에 충분히 올린다.

아래에 있는 손을 맨 위로 올리는 손탑쌓기를 한다.

미끌거리는 손으로 엄지씨름 하기

남아있는 유분기는 종이에 찍기

방금 목욕한 아기에게 로션을 듬뿍 발라 매끌매끌 마사지를 해 주면 사랑스런 아기는 까르르 까르르 웃음으로 답해주곤 합니다. 엄마의 따뜻하고 매끄러운 로션 마사지는 아기를 기분좋게 만들면서 엄마와 아기가 교감을 나눌 수 있는 소중한 시간이 됩니다. 엄마와 나누던 따뜻함을 이제는 친구들과 매끌매끌 로션으로 손놀이하며 따뜻한 교감을 나누어 봅니다.

준비물
베이비로션(혹은 핸드크림)

놀이방법
① 유아들의 손바닥에 로션을 500원 동전크기 만큼 듬뿍 짠다.
② 로션을 손에 모두 바른 후, 친구들 손에 서로 발라주며 스킨십을 나눈다(서로의 손바닥 문지르기, 손가락 깍지 끼기 등).
③ 미끌거리는 상태에서 내 손과 상대방 손을 번갈아가며 손을 친구 손등 위에 얹는 손탑쌓기를 한다.
④ 엄지손가락을 제외한 손을 상대 손과 마주잡고 상대 엄지손가락을 누르는 엄지씨름도 해본다(미끌거려서 엄지손가락을 금세 빼낼 수 있다).
⑤ 손들이 미끌거리는 상태에서 서로 손씨름(손만 잡고 잡아당기기) 등을 해도 색다른 재미를 느낄 수 있다.

Tip

로션놀이를 한 후, 손에 로션의 유분기가 남아 있을 때 색지에 두 손을 찍으면 손바닥자국이 남게 된다. 그 손바닥 자국 모양대로 가위로 오려 나무 잎사귀 꾸미기나 나비모양 꾸미기 등과 연계할 수 있다.

준비물
있는 놀이

준비물	소요시간	집단	활동성
1	20분 이상		움직임

엉덩이 씨름

엉덩이를 맞대고 앉아 밀어서 매트 밖으로 보내면 승리한다.

매트 안에서는 엉덩이걸음으로 도망갈 수 있다.

'영차 영차'. 엉덩이가 들썩들썩, 얼굴이 울그락불그락. 힘을 다하여 엉덩이를 밀어내고 있습니다. 어디서 그런 힘이 나오는지……. 인정사정 봐주지 않는 아이, 다시 도전하는 아이, 미리 포기하는 아이 등등 같은 게임 안에서도 제각각 다른 모습을 보이는 아이들입니다.

> **Tip**
> 대집단용 매트의 크기가 너무 크지 않다면, 매트 자체를 씨름 공간으로 정하고, 색테이프나 블록은 사용하지 않아도 된다.

준비물
씨름공간을 표시할 색테이프(혹은 종이블록들, 매트 활용 가능)

놀이방법
① 색테이프를 붙이거나, 종이블록을 울타리처럼 쌓아서 씨름공간을 구별해준다.
② 공간 가운데에 유아들이 등을 돌리고 앉아 서로 엉덩이를 붙이고, 두 다리는 세워서 앉아 준비한다.
③ 시작되면 엉덩이를 서로 밀어서, 색테이프 밖으로 밀리거나, 종이블록 울타리를 먼저 넘어뜨리게 되면 진다.
④ 2명씩 엉덩이씨름을 하고, 이긴 유아들끼리 대진표를 만들어서 계속 진행하여 '씨름왕 뽑기'나 '챔피언 선발전'을 해본다.

준비물	소요시간	집단	활동성
2	20분 이상		

두근두근 폭탄 돌리기

휴대폰에 타이머를 맞춰 바구니에 넣는다.

동그랗게 앉아 핸드폰이 든 바구니를 옆으로 전달하며,
자기 차례에서 주제에 대해 말하고 옆으로 전달한다.

어렸을 때 보았던 '가족오락관'이라는 프로그램에서 '폭탄 돌리기'를 하면 폭탄이 터질까 긴장하는 출연자들의 모습을 보며 함께 긴장하고 웃었던 기억이 납니다. 아이들과도 '폭탄 돌리기'를 해 보았는데요, 마치 그 옛날 가족오락관을 보는 듯 했습니다. 세월이 흐르고 세대가 달라져도 달라지지 않는 놀이의 즐거움이 있습니다.

준비물

휴대폰, 휴대폰을 담을 수 있는 바구니(상자 가능)

놀이방법

Tip

휴대폰을 떨어뜨리거나, 남아 있는 타이머 시간을 볼 수 없도록 바구니를 사용하는 것이 좋다.

① 휴대폰의 타이머 기능에서, 임의로 시간을 설정해둔다(3분 이내). (스마트폰 앱 "폭탄복불복" 등을 활용해도 됨)

② 휴대폰 화면이 보이지 않게 뒤집어서 바구니에 담고 타이머를 작동시킨 후, 동그랗게 앉은 유아들에게 돌린다.

③ 바구니가 자신에게 오면 재빨리 주제에 대한 답을 하고 바구니를 옆으로 전달한다(주제: 좋아하는 색깔, 먹고 싶은 음식 등).

④ 타이머의 알림이 울릴 때 바구니를 들고 있는 유아는 탈락.

⑤ 탈락한 유아는 다음 주제를 정하고 바구니를 돌린 후, 다음 탈락자가 어디에서 발생하는지 관찰한다.

⑥ 놀이가 익숙해지면, 바구니를 한 방향으로만 돌리지 않고, 자기 차례에 왔을 때 자기가 보내고 싶은 방향으로 바구니를 전달해도 된다.

준비물
있는 놀이

준비물	소요시간	집단	활동성
2	20분 이상		제자리

소리없는 협동화

서로 다른 색의 사인펜으로 순서대로 그림을 추가한다.

완성되면 어울리는 제목을 정하고 소개한다.

여기저기서 '킥킥', '큭큭'거리는 소리가 들립니다. 두 명이 짝이 되어 말하지 않고 선을 하나씩 그어가며 그림을 그려가고 있는 순간인데요. 자신의 생각과 전혀 다른 엉뚱한 그림이 전개되어가는 것이 정말 재밌나 봅니다. 우연에 의한 작품이지만 재밌는 제목을 붙여가며 무척이나 애착을 보입니다. 다른 생각 다른 모습이지만 함께 하면 더 즐거운 놀이가 됩니다.

Tip
본인이 처음에 그리려고 했던 그림과, 친구의 그림으로 인해 계획과는 달리 다른 그림으로 표현되는 과정을 재미있어 하며 창의력을 발휘할 수 있다.

준비물
종이(A4), 사인펜

놀이방법
① 두 명이 팀을 만들고, 사인펜 자기 색(서로 다른 색)을 정한다.
② 순서를 정하고, 순서에 따라 한 번에 하나의 선을 이용해 그림을 그린다.
③ 서로 이야기는 나누지 않고, 교대로 상대의 그림에 연결하여 그림을 완성해 간다.
④ 협동화가 완성이 되면, 서로 어떤 그림이 되었는지 이야기를 나누며 그림에 어울리는 제목을 정한다.
⑤ 다른 사람들에게 소개한다.

준비물
있는 놀이

준비물	소요시간	집단	활동성
2	20분 이상	👫	제자리

땅따먹기

가위바위보로 이긴 유아 순으로 각자 색으로 세모땅을 완성한다.

자기 색깔의 땅이 더 많은 유아가 승리한다.

어릴 적 우리 동네엔 놀이터가 없었습니다. 공터만 있었지요. 그래도 돌과 막대만 있으면 다양한 놀이가 만들어졌습니다. 추억의 놀이들이죠. 그 중에 땅따먹기는 친구 한 명만 있으면 몇 시간이고 즐겁게 놀 수 있는 놀이였습니다. 땅따먹기는 종이보다는 역시 땅에서 제 맛인 듯합니다. 진짜 내 땅이 된 듯한 기분이 드니까요.

준비물
종이(A4), 사인펜
놀이방법
① 사인펜에서 자기가 하고 싶은 색을 고르

Tip
자기 땅 숫자를 세어보아도 좋고, 자기 사인펜 색깔과 같은 색의 색연필로 칠해서 공간을 비교해보는 것도 좋다.

고, 순서를 정한다.
② 가위바위보를 해서 이긴 유아는 사인펜으로 선을 그린다. 이길 때마다 선을 하나씩 그리는데 세 개의 선을 연결해 세모를 만들면 그 공간은 자기 땅이 된다.
③ 자기가 선을 두 개 연결했는데 상대방이 그 안에 자기의 선을 연결하여 자기 땅을 만들 수 있다.
④ 종이에 더 이상 땅을 만들 공간이 없으면, 자기 땅(자기 색으로 그려진 세모땅)이 몇 개인지 세어보고 더 많은 땅을 만든 유아가 승리한다.
⑤ 유아들의 소근육이 정교하게 발달했다면, 가위바위보에서 이기는 유아가 선을 그리는 것보다, 공기돌처럼 작은 물체를 사인펜으로 밀어서 간 곳까지 선을 그려볼 수 있다. 단, 이 때 공기돌이 종이 밖으로 나가면 무효이므로 선을 그릴 수 없다.

준비물	소요시간	집단	활동성
2	20분 이상		제자리

빨래집게 패션쇼

가위바위보를 해서 진 아이는 이긴 아이에게 자기 빨래집게를 집어주고, 이긴 아이의 꼬리가 된다.

빨래집게 패션쇼를 해본다.

개구쟁이 바람이 바짓가랑이를 잡고 늘어져도 꼭 문 빨래를 놓치지 않는 빨래집게⋯⋯. 이 빨래집게를 아이들 옷에도 하나씩 꼭 물려주었습니다. 악어 입 같다며 요기조기에 빨래집게로 집었다 놨다를 반복합니다. 코도 집어보고, 귀도 집어보고, 손가락도 집어보고⋯⋯. 실수로 살 끝을 집은 아이는 아프다며 발갛게 집힌 살을 보여줍니다. 빨간 살을 문질러 주며 아프지 않은 곳에 살짝이 빨래집게를 물려주니 '방긋' 미소 짓는 아이 모습이 사랑스럽습니다.

준비물
빨래집게

놀이방법

① 유아들에게 빨래집게를 1개씩 나누어 준 다음, 자기 옷에 빨래집게를 집게 한다.

② 모두 일어나서 교실 안을 자유롭게 돌아다니다가 신호에 따라 둘씩 짝을 지어 가위바위보를 한다.

③ 가위바위보에서 진 유아는 이긴 유아의 옷에 자기 옷의 빨래집게를 집어 주고 그 유아 뒤에 매달려 기차가 된다.

④ 마지막 한 유아에게 빨래집게가 모두 꽂혀지면 놀이가 끝난다.

⑤ 빨래집게로 장식된 친구는 빨래집게 패션쇼를 한다.

Tip
빨래집게로 신체 부위를 집지 않도록 주의한다.

전래놀이

준비물	소요시간	집단	활동성
✕	20분 이상		움직임

등 감추기

술래가 다른 유아들을 잡는다.

등을 감추는 유아는 술래가 잡을 수 없다.

다양한 방법으로 등을 감출 수 있다.(벽에, 친구랑)

등 감춘 유아를 '땡' 해주면 다시 움직일 수 있다.

얼음땡 놀이는 우리 아이들이 가장 잘 알고 있는 전래놀이예요. 도망가다가 잡힐 것 같으면 '얼음'만 외치면 되지요. 이 '얼음땡' 놀이는 옛날에 하던 '앉은뱅이놀이'의 변형이에요. 놀이터, 작은 공터, 운동장, 공원 등 어디에서나 할 수 있는 놀이입니다. 도망가다가 '앉은뱅이'하고 앉으면 술래가 잡지 못하는 놀이로, 도망가는 아이들은 임의로 앉았다 일어섰다 할 수 있어서 술래가 골탕먹는 놀이였어요. 여기에, 도망가는 아이들에게도 핸디캡을 주기 위해 스스로 도망갈 수 없게 하는 '땡'이라는 규칙이 첨가되었답니다. 그래서 지역에 따라 얼음망치, 얼음꽝, 얼음살디, 얼음놀이(광주), 얼음쩜(대구), 얼음물(부산) 등으로 불려요. 또한 예전에 특정인을 비하하는 표현의 놀이가 아무렇지도 않게 행해졌지만, 현대에 와서는 비하하는 표현의 놀이가 퇴화하여 '얼음땡' 놀이만 남게 되지 않았나, 추측해봅니다.

이러한 얼음땡 놀이의 또 다른 변형이 '등 감추기', '메뚜기잡기' 등이 있어요. 등 감추기는 '얼음'을 외치는 대신에 자기 등을 안 보이게 감추기만 하면 됩니다. '메뚜기잡기'는 앉아 있다가 술래의 눈을 피해 메뚜기처럼 폴짝 뛰어오르면서 박수를 쳐요. 술래는 박수 소리를 듣고 메뚜기를 잡는데, 메뚜기가 뛰어오를 때에만 잡을 수 있어요. 메뚜기잡기도 재미있지만 아이들은 앉아 있다가 자꾸 뛰는 것이 힘들어서, 계속 뛰어다닐 수 있는 '등 감추기'를 더 쉬워하고 재미있어 해요.

놀이방법

① [얼음땡] 놀이와 비슷한데, '얼음'이라고 외치는 대신 등을 안 보이게 감추면 잡을 수 없다.

② 술래를 정하고, 시작하면 술래는 다른 유아들을 잡으러 간다.

③ 잡힐 것 같은 유아는 기둥이나 벽에 등을 감추고 서거나, 친구들끼리 등을 맞대어 등을 감추면, 술래가 잡을 수 없다.

⑤ 다른 유아가 '땡'하며 등 감춘 유아를 풀어주면 다시 움직일 수 있다. 단, 도망가는 친구 모두가 등을 감춰 버리면 놀이가 끝난다.

⑥ 마지막까지 잡히지 않고 남은 1명의 유아가 다음 술래가 된다.

> **Tip**
> 처음에는 무조건 자기 등을 감추기에 바빠서 놀이가 빨리 끝나는 경우들이 있으므로, 잡힐 것 같은 때만 등을 감춰야함을 알려준다.

전래놀이

준비물	소요시간	집단	활동성
✕	20분 이상		움직임

한발뛰기

술래가 정한 숫자만큼 발걸음을 뛴다.

술래는 다른 유아보다 한 발 덜 뛴 상태에서 잡는다.

한발뛰기는 '열발뛰기'로 알고 있는 사람들도 있어요. 하지만 방법은 같습니다. 술래가 정한 수만큼 멀리 뛰고, 술래는 한 발 덜 뛰어서 친구들을 잡아야 하는데, 욕심을 내서 너무 멀리 뛰면 들어오기가 쉽지 않고, 그렇다고 너무 적게 뛰면 술래에게 잡히니까 적당히 뛰어야 해요. 하지만 아이들은 안 잡힐 욕심에 자기도 모르게 한 발씩 더 뛰어서, 술래에게는 잡히지 않지만, 다시 들어오는 것에 실패해 실격되기도 해요.

술래는 딱 한 발 차이나는 친구가 내 손 끝에 닿을 듯 말 듯해서 버둥거리며 손을 내밀고, 다른 친구는 잡힐 것 같아서 등을 한껏 뒤로 밀어 피하는 아이들의 모습이 서로 재미있어 계속하게 되는 놀이예요.

놀이방법

① 출발선을 정한다.

② 술래가 '한 발'이라고 외치면, 다른 유아들은 출발선에서부터 한 발만 뛰어서 기다린다.

③ 술래는 출발선에서 손을 뻗어 한 발 뛴 유아들을 잡는다. 잡힌 유아는 다시 바깥으로 나온다.

④ 술래가 잡지 못한 유아는 그 자리에서 다시 출발선으로 한 발만 뛰어서 들어오면 성공한다. 만약 들어오지 못한 유아도 바깥으로 나온다.

⑤ 성공한 유아 중에서 다음 술래를 정한다.

⑥ 한 발 뛰기가 익숙해지면 뛰는 발 숫자를 늘려서 하고, 이 때 술래는 제시한 숫자보다 한 발 덜 뛰어서 잡으면 된다. 예를 들어 술래가 '6발'이라고 제시하여 다른 유아들이 6발을 뛰었으면, 술래는 5발만 뛰어서 잡아야 한다. 출발선으로 돌아올 때 술래는 5발만에 들어오고, 다른 유아들은 6발에 들어와야 성공이다.

Tip

뛸 때, 술래가 특별한 주문을 넣어도 된다. 예를 들어 '옆 걸음으로 5발', '오리걸음으로 6발', '다리 붙이고 10발' 등

준비물	소요시간	집단	활동성
✕	20분 이상	👫	움직임

돼지씨름

두 팔을 허벅지 아래로 잡는다.

다리를 이용해 상대방 다리를 들어 올리거나 걸어서 넘어뜨린다.

아이들은 자기 몸으로 밀고 당기고 하는 놀이를 좋아하지요. 그런데 그렇게 놀이하다가 다칠까봐 염려도 돼요. 이럴 때는 부상의 위험이 없는 힘쓰는 놀이를 하게 하면 좋아요.

전통씨름은 다리를 걸어서 넘어뜨리는 거라 위험부담이 커서, 앉아 있는 상태에서 다리만으로 서로를 밀어 넘어뜨리는 돼지씨름을 해보았어요. 아직은 짧은 팔과 다리를 이용해 서로를 밀고, 밀린 친구는 오뚝이처럼 뱅그르르 넘어지는 모습에 웃음꽃이 피어난답니다. 6세 아이들부터는 '깨끔발 싸움'이라는 방언으로 불리었던 닭싸움도 무척 재미있어 해요.

놀이방법

① 엉덩이를 바닥에 붙이고 무릎을 세워서 두 팔로 허벅지를 감싼다.

② 두 명의 유아가 팔로 허벅지를 감싼 채, 다리만으로 상대방의 다리를 걸거나 밀어서 상체나 팔이 땅에 닿게 되면 승리한다.

③ 다리로 상대방의 다리를 들어 올리면 중심을 잃으면서 넘어간다.

Tip
마음이 급한 유아들이 다리로 자칫 상대방을 때리지 않도록 미리 충분히 주의를 준다.

전래놀이

준비물	소요시간	집단	활동성
1	20분 이상		움직임

독샘

한 명의 술래가 매트(혹은 동그라미) 안의 유아를 끌어낸다.

자기 팀끼리 힘을 모은다.

술래를 정하고, 편을 나누고, 힘겨루기를 하는 놀이는 아이들이 무척 재미있어 합니다. 우리가 쓰는 술래의 어원은 조선시대에 시작되었다고 해요. 조선시대에 현재 경찰의 역할과 비슷한 순찰을 하던 사람 '순라'에서 비롯되었어요.

아이들은 이런 술래가 있는 놀이를 하면서 "나 잡아 봐라~"라고 술래를 약 올리고, 놀기기도 합니다. 아이들이 이렇게 약 올리고 놀리는 것은 사실, 평소에는 하지 못하게 하는 것인데 이런 놀이상황에서는 허용되지요. 놀이상황에서는 미움과 악의의 표현이 아니라, 서로가 재미있는 상황에서 그 자체를 즐기기 때문입니다. 또 이런 익살과 재치가 놀이를 더 즐겁고 풍성하게 하고 몰입감을 높여 줘요. 놀리고 놀림을 받은 역할은 술래가 바뀌면서 완전히 뒤집힘을 알기 때문에 마음껏 약 올릴 수 있죠.

게다가 전래놀이를 할 때면, 우리가 평소에 금기시하는 단어 "너 죽었어, 너 나가"와 같은 말도 거침없이 쓰게 됩니다. 하지만 그런 단어를 쓴다고 해도 아무도 이르거나 기분 나빠하지 않아요. 오히려 교사가 "○○는 죽었어요. 나가야 돼요"라고 표현하기가 민

망해서 "○○는 아웃이에요"라는 외래어를 쓰기도 하지만, 확실히 우리 전래놀이에는 어울리지도 않고, 그 맛이 살지도 않지요.

놀이를 놀이로 순수하게 받아들이는 아이들과는 다른 어른의 입장에서 그 단어를 바라봐서겠지요.

놀이는 놀이이고, 그 놀이상황에서 평소에는 금지하는 행동과 단어가 쓰였다고 문제가 생기지는 않아요. 놀이할 때 어른의 시선보다는 아이의 입장에서 생각하고, 놀이를 중간에 방해하는 잘못은 저지르지 말자구요.

준비물
영역 표시를 위한 색테이프(매트 활용 가능)
바깥놀이의 경우, 운동장 바닥에 그릴 수 있는 막대기

놀이방법
① 바닥에 동그랗게 영역을 표시한다. 크기는 참여 유아의 수에 따라 달라질 수 있는데, 5명이 자유롭게 다닐 수 있는 정도의 크기면 적당하다.
② 한 명의 술래가 동그라미 바깥에 위치하여, 동그라미 안에 있는 유아를 끌어낸다. 단, 술래가 원 안에 두 발이 모두 들어가면 탈락이고, 원 안에서 한 발로만 있는 것은 가능하다.
③ 동그라미 안의 유아들은 힘을 모아 술래를 동그라미 안으로 끌어 당겨서 술래의 두 발이 모두 땅에 닿으면 술래를 바꾼다.
④ 익숙해지면 동그라미 바깥의 술래를 2명으로 정해 힘을 모아 할 수 있다.

Tip
운동장처럼 넓은 곳에서 할 수 있다면 동그라미를 충분히 크게 그리고, 5명 정도의 두 팀이 서로의 영역으로 끌어당기기를 해도 된다. 이 때, 당겨져서 다른 영역에 들어간 유아는 들어간 팀으로 바뀌게 되어 함께 힘을 모으면 된다.

준비물	소요시간	집단	활동성
1	20분 이상	👧👦👧👦	움직임

달팽이 놀이

달팽이판은 유아가 안에서 달릴 수 있을 정도의 넓이로 표시한다.

양 팀이 양 끝에서 출발하여 만나는 지점에서 가위바위보를 한다.

아이들은 혼자 제자리에서 빙글빙글 돌고, 어지러워서 넘어졌다가 또 일어나서 돌면서 그 어지럼증 자체를 즐기기도 하지요. 어떤 사람들은 어지러운 놀이기구를 신나게 타고, 또 그러한 놀이기구를 개발하고……. 아마도 어지러움증은 아이나 어떤 어른들에게 또 다른 즐거움을 주기도 하는가 봐요.

이러한 즐거움을 느낄 수 있는 달팽이 놀이는, 땅에 그린 놀이판이 나선형이라고 해서 '골뱅이놀이', 빙빙 돌아간다고 '돌아잡기', 중간에서 마주친다고 해서 '마주치기놀이'라고도 한대요. 우리나라뿐만 아니라 북한이나 연변에서도 한다고 하니, 그 유래가 굉장히 오래 된 것으로 짐작할 수 있어요.

이 놀이의 유래는 옛날 상대방의 진을 빼앗기 위한 싸움에서 유래되었다고도 해요. 즉 상대편의 진지를 빼앗으려고 병사들이 정찰을 나가고 그 과정에서 상대편 병사를 만나 지혜와 힘을 겨루는데 이런 과정이 약화되어 가위바위보나 달리기 등의 형식을 빌어 겨루는 놀이가 되었다고 하는 설도 있어요.

서로 자기편에서 달려 나와 마주치면 가위바위보만 하면 되니, 놀이방법도 쉽고, 부상의 위험도 없어서 안전하고 재미있게 즐길 수 있어요.

준비물
영역 표시를 위한 색테이프 혹은 종이블록들

놀이방법
① 바닥에 달팽이 모양으로 색테이프를 붙인다. 종이블록들을 달팽이 모양으로 둘러 늘어놓아도 된다. 단, 유아들이 달릴 수 있는 충분한 넓이를 확보하여 준다.
② 두 팀으로 나누어, 한 팀은 원 가장 바깥쪽에서, 다른 한 팀은 원의 가운데 안쪽에서 각각 출발한다.
③ 중간에 두 유아가 만나는 지점에서 가위바위보를 한다.
④ 진 유아는 재빨리 바깥으로 나가고 같은 팀의 다음 순서 유아가 출발하고, 이긴 유아는 달리던 방향으로 계속 달린다. 또 두 유아가 서로 만나는 지점에서 가위바위보를 한다.
⑤ 가위바위보를 계속 하며 진행하다가, 상대방의 출발지점까지 도착한 팀이 승리한다.

Tip
종이블록을 이용해 달팽이판을 만드는 법을 함께 이야기하면, 유아들이 블록을 3~4개씩 가지고 나와 차례차례 스스로 달팽이판을 만들 수 있다.

준비물	소요시간	집단	활동성
1	20분 이상	👥👥👥👥	움직임

깽깽이 뛰기

놀이 배치도

깽깽이(한발) 뛰는 술래가 다른 팀 유아를 잡는다.

깽깽이는 한 발로 뛰는 모습을 표현한 거예요. 그 표현법에 대한 재미있는 이야기가 있어요. 오래 전 어느 집에 강아지 한 마리 키웠대요. 그런데 그 집 강아지는 하도 먹을 것을 좋아해서 사람이 먹는 것도 먹고 싶어 늘 입맛을 다셨대요. 그러던 어느 날, 주인이 손님을 대접하기 위해 맛있는 고기볶음을 만들었는데 강아지가 몰래 먹을까 봐 걱정이 되었대요. 그래서 주인은 만약 이 음식에 입을 댈 경우에는 회초리를 때릴 테니 절대 먹지 말라고 강아지에게 신신당부를 했대요. 하지만 강아지는 주인이 잠깐 집을 비운 사이 에 참지 못하고 고기볶음에 입을 대고 말았지요. 바로 그때 주인이 들어와서 이 광경을 보게 되고 화가 몹시 나서 "이 못된 강아지! 주인 말도 안 듣고!" 하면서 강아지 다리에 대나무 회초리를 휘둘렀지 뭐예요. 다리가 너무 아팠던 강아지는 한 쪽 다리를 들고 '깽깽깽' 소리를 질렀대요. 이때부터 한 발을 들고 뛰는 모양을 깽깽이라고 부르게 되었다고 해요(카카오스토리-놀이학교 발췌). 술래는 깽깽이 뛰면서 다른 친구들을 잡으러 가는데, 한 발로 오래 뛰면 힘들기 때문에 술래팀의 다른 친구와 교대할 수 있어요, 이렇게 교대를 하다 보니, 술래를 여러 명이 돌아가면서 할 수 있어서, 모두가 만족할 수 있답니다.

준비물
영역 표시를 위한 색테이프(매트 활용 가능)
바깥놀이의 경우, 운동장 바닥에 그릴 수 있는 막대기

놀이방법
① 바닥에 네모 모양의 영역을 표시한다. 처음에는 5명 정도의 모둠별로 하는 것이 쉬우므로, 5명이 충분히 뛰어다닐 수 있는 크기를 만든다.
② 안에 한 팀이 들어가고, 바깥 네모에는 술래팀이 선다.
③ 술래팀에서 한 명이 네모 안으로 들어가서 유아들을 잡는데, 술래팀이 영역 안에 들어가면 깽깽이(한 발)로만 뛸 수 있다. 뛰다가 힘들면 바깥에 있는 자기 팀과 손을 터치하여 교대할 수 있다. 영역 안에서 도망가는 유아는 두 발로 다닐 수 있다.
④ 술래에게 잡힌 유아는 영역 밖으로 나온다.
⑤ 술래가 두 발이 땅에 닿거나, 영역 안 유아들이 모두 잡히면 역할을 바꾼다.

Tip

공간이 넓은 운동장에서 반 유아들이 두 팀으로 나누어서 한다면, 술래팀에서 술래는 2명으로 정해, 2명이 같이 영역 안에 들어가 잡을 수 있다.

준비물	소요시간	집단	활동성
1	20분 이상		움직임

8자 놀이

8자놀이판 – 술래는 끊어진 길로는 갈 수 없다.

술래가 건너오는 유아들을 잡는다.

이 놀이는 1930~40년대에 유행했는데, 그 당시에는 특별한 놀이기구가 없어서 단순히 땅에 선(예전에는 금긋기라고 했어요)을 그리고 놀이하는 것이 일반적이었어요. 옛날에는 아이들이 땅에 금을 긋고 놀이하는 것이 익숙했는데, 요즘에는 그릴 수 있는 땅이 거의 사라지기도 하고, 또 그리는 것 자체를 귀찮아하면서 이렇게 땅에 금을 긋고 하는 놀이가 점차 사라지고 있대요.

운동장 모래밭에 나뭇가지로 금을 긋고 아이들과 놀이하면서 점차 사라지고 있는 전래놀이의 방식과 형태를 아이들에게 알려주는 것은 어떨까요?

준비물

영역 표시를 위한 색테이프

바깥놀이의 경우, 운동장 바닥에 그릴 수 있는 막대기

놀이방법

① 바닥에 8자 모양의 놀이판을 그린다. 단, 사이에 유아들이 뛰어 다닐 수 있을 넓이를 확보한다.

② 처음에는 모둠별로 실시하여, 모둠 내 술래 1명을 정하고, 다른 유아들을 잡으러 간다.

③ 길이 끊어진 곳에서 도망치는 유아들은 뛰어 넘어갈 수 있으나, 술래는 끊어진 길은 넘어갈 수 없으므로, 왔던 길을 다시 돌아 유아들을 잡으러 간다.

④ 도망치는 유아가 술래에게 잡히거나, 도망치다가 8자 길 밖으로 나오거나, 끊어진 곳을 발로 밟으면 바깥으로 나온다.

⑤ 유아들이 모두 잡히거나, 술래가 끊어진 길을 건너가면 술래를 바꾼다.

Tip

도망치는 유아들이 한 줄로만 도망치다 보면, 맨 뒤에 있는 유아들만 잡히게 되므로, 놀이판 넓이를 넉넉하게 표시하여, 두 명씩 다닐 수 있도록 하는 것이 좋다.

전래놀이

준비물	소요시간	집단	활동성
1	20분 이상		움직임

허수아비 놀이

허수아비판 - 한명씩 네모칸의 번호 순서대로 이동한다.

허수아비 모양의 한 친구를 피해서 건드리지 않고 되돌아온다.

예전 가을 들녘에는 허수아비가 참 많았어요. 학창시절 가을풍경을 그릴 때면 단골로 등장하면 것이 바로 허수아비였지요. 그러나 요즘은 가을 논밭에도 우리가 아는 허수아비를 많이 세우지 않아요. 반짝이는 긴 줄을 쳐놓거나, 새를 쫓는 목소리를 녹음한 녹음기, 커다란 독수리연, 로봇 늑대, 심지어는 새를 쫓는 드론까지 개발되어 허수아비를 대신하고 있다고 해요. 우리 아이들도 허수아비를 논밭에서 곡식을 지켜주는 역할보다는 '오즈의 마법사' 같은 프로에 나오는 캐릭터로 더 잘 기억하고 있지는 않을까요?

우리 아이들과 할 수 있는 허수아비놀이는 허수아비의 역할을 살펴볼 수 있는 계기도 되고, 민첩성, 순발력, 평행감각 등 다양한 신체능력을 향상시켜주는 데 도움이 된답니다. 비록 승부를 바로 가를 수 있는 겨루기놀이는 아니지만, 다른 친구들의 진로를 막아서 방해하고, 그런 방해에도 목표지점까지 다른 친구들을 건드리지 않고 안전하게 빠져나가는 모습을 지켜보는 것만으로도 재미있는 놀이랍니다.

준비물

영역 표시를 위한 색테이프

바깥놀이의 경우, 운동장 바닥에 그릴 수 있는 막대기

놀이방법

① 놀이판을 바닥에 표시한다. 각각의 네모는 5명의 모둠활동으로 할 경우 1m×1m정도면 된다.

② 가위바위보로 순서를 정한다.

③ 첫 번째 유아부터 놀이판을 이동하여 서고 싶은 곳에서 허수아비 형태로 선다. 단, 놀이판 안에서 바닥을 딛을 때는 한 발만 사용할 수 있다. 한 발로만 뛰어도 되고, 두 발을 번갈아 가며 이동해도 된다.

④ 두 번째 유아도 놀이판을 이동하여 서고 싶은 곳에 허수아비 모양을 한다. 양 팔을 벌려 서도 되고, 앉아도 되고, 다른 유아 앞을 가로막아도 된다.

⑤ 마지막 유아까지 모두 서면, 첫 번째 유아부터 다시 출발지점으로 돌아서 나온다. 단, 움직일 때 다른 유아를 건드리면 탈락이다.

Tip

놀이를 할수록, 다른 유아들이 쉽게 빠져 나가지 못하는 포즈를 취하며 난이도를 높인다.

놀이에 푹 빠지다

준비물	소요시간	집단	활동성
2	20분 이상		움직임

떡장수놀이(달팽이놀이 변형)

유아들이 차례차례 달팽이 놀이판을 만든다.

떡장수를 피해 안쪽까지 도망가서 떡장수가 못 들어오게 문을 닫는다.

떡장수놀이는 앞서 소개했던 '달팽이놀이'의 응용버전이에요. 달팽이놀이는 단순히 양 끝에서 달려 나와 가위바위보를 하고 승패를 가르는 놀이였는데, 여기에 술래잡기가 추가가 되었어요. 술래(떡장수)가 떡을 사달라고 하는데, 다른 친구들은 떡이 맛없을 것 같다, 예쁘지 않다, 상한 것 같다며 트집을 잡아요. 그러다가 떡을 발로 멀리 차고 도망가지요. 떡장수는 떡을 사지도 않고 떡을 발로 차버린 비정한 손님을 잡으러 가는 형태예요. 처음에는 떡을 사라고 하고, 거절하는 역할을 머뭇거리기도 하는데, 점차 역할극에 빠져들며 흥정을 재미있게 하였답니다. 발로 뻥 차고 도망가는 것에 카타르시스를 느끼기도 해요. 자기편이 모두 들어왔나 확인하고 문을 닫는 모습에 협동심과 배려심도 함께 길러짐이 느껴져요.

준비물

영역 표시를 위한 색테이프 혹은 종이블록들

유니트 블록(대문닫기 용도)

놀이방법

① 달팽이놀이판을 표시한다.

② 떡장수(술래)를 정하고, 달팽이판 끝부분에 떡(종이블록)을 두고, 떡장수는 떡 바깥쪽에, 도망갈 유아
 들은 떡 안쪽에 마주보고 선다.

③ 떡장수는 떡을 사라고 이야기하고, 도망갈 유아는 사지 않겠다며 흥정하다가 도망갈 유아가 바닥에
 있는 떡(종이블록)을 멀리 차고 안쪽으로 도망간다.

④ 떡장수는 떡을 집어 와서 유아들을 쫓아간다.

⑤ 유아들이 가장 안쪽까지 달려와서 문을 닫고(유니트블록 등으로) 안전하게 피한다. 하지만 문을 닫기
 전에 떡장수에게 잡힌 유아는 탈락이다. 문이 닫히면 아무도 들어가지 못한다.

Tip

놀이하다보면, 도망치는 유아들
은 자기 팀이 모두 들어올 때까
지 문을 닫지 않고 기다린다거
나, 도망갈 시간을 확보하기 위
해 떡을 아주 멀리 찬다거나 하
는 요령이 생긴다.

준비물	소요시간	집단	활동성
2	20분 이상		제자리

호박고누

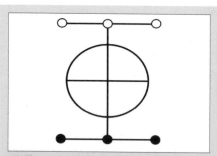
고누판

바닥에 고누판을 그리고 유아들이 말이 되어 움직일 수 있다.

고누놀이는 10세기 초의 것으로 보이는 황해도 봉천군 원산리 청가 가마터에서 참고누판이 발견된 것으로 보아 고려시대 이전부터 놀이했다는 것을 알 수 있어요. 또 조선시대 건물인 담양 소쇄원(전라남도 담양) 마루에도 고누판이 그려져 있고, 조선시대 풍속화가인 김홍도의 풍속도에서는 소년들이 땅바닥에 고누놀이(우물고누)를 하고 있는 모습으로 봐서, 조선시대에 흔히 하는 놀이였던 것 같아요. '고누'의 재미있는 어원 중 하나는 고누판을 사이에 두고 서로가 '꼬나보다'를 하기 때문에 고누로 이름이 붙여졌다는 이야기도 있답니다. 고누는 지역에 따라 경기도에서는 '고니'나 '꼬니', 전라도에서는 '꼬누', 경상도에서는 '꼰', 제주도에서는 '꼰짜'라고 불리기도 하는데, 일반적으로 '고누'라고 불린대요. 고누놀이에는 우물고누, 호박고누, 넉줄고누 등 난이도가 다른 놀이들이 있는데, 우리 아이들이 하기에는 가장 쉬운 '호박고누'가 재미있어요.

준비물
고누판(종이에 출력), 말 6개(3개씩 같은 색)

놀이방법
① 고누판의 양 끝에 자기 말을 3개씩 놓는다.
② 순서를 정한 후, 번갈아가며 말을 움직인다. 말은 한 번에 한 칸씩만 이동할 수 있다.
③ 자기 말 3개가 가운데 동그라미를 지나, 상대방 3자리 모두를 차지하면 이긴다.
④ 익숙해지면, 바닥에 고누판을 크게 그리고, 유아들이 말이 되어 놀이할 수 있다. 3명씩 한 팀이 되어
번갈아가며 한 칸씩 이동하여, 상대팀 자리에 모두 가게 되면 승리한다.

Tip

유아들이 말이 되는 고누를 할 때는 먼저 자기 팀을 확실히 구별할 수 있도록 하고 시작하는 것이 좋다. 예를 들어 남자팀, 여자팀 등으로 나누면 보다 쉽게 접근할 수 있다.

자연놀이

돌멩이 놀이

숲 속 산사를 걷다보면 조그만 돌탑부터 키를 훌쩍 넘어가는 돌탑까지 사람들의 정성스런 손길로 만들어진 돌탑들을 보곤 합니다. 돌 하나를 올리며 사람들은 어떤 생각, 어떤 마음을 함께 올려놓았을까요?

흔하디흔한 돌멩이들이지만 정성과 바람이 깃들여지면서 더 이상 흔하지 않은, 경건함까지 갖춘 모습으로 만들어집니다. 모든 하찮은 것을 하찮게 보지 않아야 할 이유인 듯합니다.

어린 시절, 쓸모없어 보이는 자잘한 돌멩이들도 훌륭한 놀잇감이 되었습니다. 돌멩이들을 모아 옹기종기 모여 앉아 공기놀이를 하곤 했습니다. 주위에 흔한 돌멩이들이 놀잇감이던 시절이었지요. 그 시절 함께 앉아 놀던 친구들은 어디서 무얼 하고 있을까요? 아이들과 돌멩이를 주워 놀이하며 옛 친구 생각과 추억이 새록새록 돋아납니다. 우리 아이들도 10년, 20년 뒤에 지금 이 놀이들을 좋은 추억으로 기억할 수 있기를 바라봅니다.

놀이명	놀이 모습	준비물
돌탑쌓기	 ① 돌을 다양한 방법으로 탑 쌓기 놀이를 한다. ② 친구와 함께 탑 쌓기를 해 본다.	돌멩이
과녁 맞히기	 ① 돌을 과녁에 맞힌다. ② 편을 나누어 게임을 할 수 있다.	돌멩이, 과녁판

놀이명	놀이 모습	준비물
돌멩이 돌리기	 ① 돌을 바닥에서 돌려본다. ② 우드락이나 다양한 종류의 바닥에서 돌려본다.	돌멩이, 우드락
돌 따먹기	 ① 돌을 모아와서 가운데에 놓는다. ② 가위,바위,보를 하여 이긴 사람이 돌을 1개씩 가져간다.	돌멩이

자연놀이

나뭇잎 놀이

맨몸으로 겨울을 나고 아주 천천히 마른 나뭇가지에서 새 잎을 피워내는 나무, 우리에게 늘 봄의 싱그런 소식을 전해주는 주인공이 바로 나무예요. 누가 애써 시킨 것도 아닌데 말이에요. 서두르지 않고 잎을 틔워 조금씩 잎을 키워가며 더운 여름 시원한 그늘을 선물하는 나무에게로 가요. 느티나무라면 잎이 크지 않은 그대로, 플라타너스 꿀밤나무라면 그 커다란 잎대로 나무랄 것 없이 있는 그대로 놀이로 활용할 수 있는 대상이에요.

나뭇잎 놀이는 어디서든 흔히 만날 수 있는 나뭇잎이 주인공입니다. 나뭇잎이 잎을 틔우고 점점 잎을 키워내었듯, 서두르지 마세요. 먼저 우리에게 커다랗고 시원한 그늘을 만들어준 나무이야기부터 시작해보세요. 혹 서둘러 제 어미 나무에게서 떨어져 나온 이파리들이 있다면 그 이파리를 주워 잎의 모양으로도 아이들에게 말을 걸어보세요. 무엇을 닮았을까? 하고 말이에요. 자 이제 나뭇잎들을 다짜고짜 햇빛에 비춰보기도 하고, 후~ 불어보기도 하고, 구멍을 뚫어 보기도 하고, 싹둑싹둑 잘라보기도 하고……. 쉽고도 재밌는 나뭇잎 마술에 빠져 보아요!

놀이명	놀이 모습	준비물
나뭇잎 불어 **멀리 보내기**	 ① 나뭇잎을 불어 멀리 보내기 놀이를 한다. ② 모둠별로 릴레이로 멀리 보내기 게임을 할 수 있다.	
구멍속으로 **보이는 세상**	 ① 나뭇잎에 구멍을 뚫는다. ② 나뭇잎의 구멍을 통해 보이는 풍경을 감상한다.	나뭇잎

놀이명	놀이 모습	준비물
나뭇잎 가면 만들기	 ① 유아 얼굴크기의 나뭇잎을 모은다. ② 얼굴에 맞춰 눈, 코, 잎 구멍을 뚫어 나뭇잎 가면을 만든다. ③ 나뭇잎 가면을 쓰고 가면놀이를 한다.	나뭇잎
나뭇잎을 잡아라	 ① 나뭇잎들을 모은다. ② 높은 곳에서 나뭇잎을 날려준다. ③ 유아들이 떨어지는 나뭇잎을 잡는다.	
나뭇잎 퍼즐맞추기	 ① 나뭇잎을 다양한 모양으로 자른다. ② 잘라진 나뭇잎 조각을 맞춰 원래 모양의 나뭇잎을 완성한다.	나뭇잎, 가위, 도화지

놀이에 푹 빠지다

흙 놀이

넓고 넓은 운동장이 도화지가 됩니다. 적당한 나뭇가지 하나 주워들고서 그리고 지우기를 반복합니다. 어디서 이렇게 넓은 도화지를 구할 수 있을까요? 파란 하늘 아래 펼쳐진 흙 도화지 위에서 그림을 그려봅니다.

흙을 깊이 파서 척! 보면 딱! 알아볼 수 있는 그림을 그리는 아이, 대충 그리고 설명이 더 긴 아이, 좋아하는 친구들을 그리고 이름을 써 주는 아이……. 자연이 마련해 준 흙 도화지에 맘대로 긁적거리는 아이들 모습이 또 그대로 자연이 되어 갑니다. 모여 앉은 아이들이 바닥의 흙들을 모으고 모아 흙 가져오기 놀이가 시작됩니다.

두둥! 긴장된 순간!

흙 가져오기 놀이에서 꽂아둔 나뭇가지가 곧 쓰러질락 말락하는 순간입니다. 아주 조심스럽게 흙을 가져가는 아이의 눈빛이 긴장과 진지함으로 가득 차 있네요. 욕심을 부리면 무너지는 흙 가져오기 놀이, 자연스럽게 삶의 지혜를 배워갑니다.

놀이명	놀이 모습	준비물
흙 가져오기	 ① 흙으로 높은 산을 만들고 꼭대기에 나뭇가지를 꽂는다. ② 순서를 정하여 나뭇가지가 넘어지지 않도록 흙을 가져간다.	나뭇가지, 흙
흙그림 그리기	 ① 검정도화지에 풀을 이용하여 그림을 그린다. ② 도화지 위에 흙을 뿌린다. ③ 흙을 털어낸다.	검정 도화지, 물풀, 흙
땅 위에 그림 그리기	 ① 운동장에 나무막대를 이용하여 그림을 그린다. ② 페트병에 물을 넣어 그림을 따라 그린다. ③ 친구들의 그림을 감상한다.	나무 막대, 물 담은 페트병

바람 놀이

가만히 서 있으면 귀를 간지럽히며 지나가는 바람이 부드럽습니다. 이 바람은 어디서 왔을까요? 누구를, 무엇을 스쳐지나 왔을까요? 그리고 또 어디로 가는 걸까요?

그냥 스쳐지나가는 바람이지만 바람 속에 향기가, 이야기가 묻어 나올 것만 같습니다. 머리칼이 날릴 정도로 바람이 불 때 비닐봉지 하나씩 들고 아이들과 운동장으로 향합니다.

"선생님~ 바람을 이~~만큼 담아 왔어요"

얼굴이 상기된 아이는 빵빵하게 부풀어 오른 봉투를 쑥 내밀었습니다. 바람을 많이 넣기 위해 넓은 운동장을 종횡무진 내달리는 아이들~ 비닐봉지 한 장 속에 세상의 모든 바람을 넣어 오려나 봅니다. 바람이 가지고 온 향기와 세상 이야기도 함께 넣어 오려나 봅니다. 살랑살랑 부는 바람이 어느새 아이들의 친구가 되어 있네요.

놀이명	놀이 모습	준비물
바람을 담아요		다양한 비닐 봉투
	① 비닐봉지에 바람을 다양한 방법으로 담아본다. ② 담아온 바람의 크기를 서로 비교해 본다. Tip: 활동 전 비닐봉지를 일부러 날리거나 놓치지 않도록 미리 약속해야 해요. 그렇지 않으면 날아가는 비닐을 잡다가 안전사고가 날 수 있답니다.	
스카프와 바람		스카프
	① 스카프를 나눠 갖는다. ② 스카프가 바람에 따라 어떻게 움직이는지 관찰한다. ③ 스카프 끝을 잡고 운동장을 마음껏 뛰어다닌다. ④ 잡히면 스카프를 빼앗기는 잡기놀이로 전개할 수 있다.	

풀 놀이

유치원 작은 숲 곳곳에는 어여쁜 꽃들과 들풀들이 무럭무럭 자라고 있습니다. 항상 똑같은 풀과 나무, 꽃인 것 같지만 눈여겨보면 항상 조금씩 달라지고, 변화하고 있어 매일 산책해도 하나도 지루하지 않습니다.

아이들도 매일 산책하면서 피는 꽃이 달라지고, 나뭇잎 크기와 색깔이 달라지며, 풀의 모습도 달라지는 것을 눈치채기 시작했나 봅니다. 새롭게 핀 꽃을 서로에게 알려주고, 새롭게 등장한 곤충들이 우리 반 뉴스가 되는 걸 보면 말입니다.

그늘진 나무 아래서도 바람 타는 길섶에서도 잎새를 피워가는 풀들은 모두 다른 모양새를 가지고 있네요. 하트모양 풀도 있고, 기다란 풀, 뚱뚱한 풀, 세모난 풀 등등……. 이름 모르는 풀들이 가득합니다. 비슷한 듯하면서도 자세히 보면 모두 다른 모습을 하고 있는 풀들을 보니 천방지축 개성 가득한 아이들을 보는 듯합니다.

놀이명	놀이 모습	준비물
가족 얼굴 꾸미기	① 다양한 풀과 꽃을 모아 온다. ② 종이접시 위에 풀과 꽃을 이용하여 가족 얼굴을 꾸민다.	다양한 풀, 꽃, 종이접시
자연물로 얼굴 꾸미기	① 풀과 꽃, 나뭇가지 등을 모아온다. ② 얼굴 위에 풀과 꽃, 나뭇가지 등을 이용하여 꾸며 본다. 예) 풀을 윗 입술에 올려 수염 만들기, 귀에 걸기, 머리 묶기 등	다양한 풀과 나뭇가지

놀이명	놀이 모습	준비물
풀싸움	 ① 풀 양쪽 끝을 꽉 잡고 상대방과 십자모양으로 엇갈린다. ② 하나, 둘, 셋 하면 동시에 내리거나 올려서 상대방의 풀을 끊어야 한다.	다양한 풀
풀 기억력 게임	 ① 풀을 모아온다. ② 풀을 하얀색 전지 위에 나열한다. ③ 유아들은 풀의 위치를 기억한 후 눈을 감거나 뒤돌아선다. ④ 교사는 풀의 위치를 바꾸거나 풀을 1~2개 뺀다. ⑤ 유아들은 눈을 뜨고 바뀐 점을 찾아본다.	

솔방울놀이

제 할 일 마치고 낙엽처럼 떨어진 솔방울이 바람에 뒹굴었습니다. 여기저기 뒹굴고 있는 솔방울들을 바구니에 주워 넣었어요. 제 할 일을 다 마친 솔방울들에게 또 다른 할 일을 줘 볼까 합니다. 아이들의 놀잇감이 되는 일.

재밌고 독특한 모양의 솔방울은 아이들에게 충분히 훌륭한 놀잇감이 될 듯 싶습니다.

"우주를 만들었어요."

"지팡이를 짚고 가는 할아버지를 만들었어요."

솔방울로 그림을 그려보자고 하니 아이들은 재밌는 아이디어로 그림을 완성해 나갔습니다. 솔방울로도 훌륭한 그림을 그려내는 우리 아이들은 그 순간만큼은 꼬마예술가가 되어 있는 듯합니다. 솔방울을 던져도 보고 던진 솔방울을 받아보기도 하면서 솔방울 놀이들이 펼쳐지네요. 가볍고 재밌는 모양의 솔방울들은 자연이 준 또 하나의 소중한 놀잇감이 되었습니다.

놀이명	놀이 모습	준비물
솔방울 그림	 ① 솔방울을 주워온다. ② 솔방울을 이용하여 다양한 모양을 꾸며본다. ③ 전지에 친구들과 함께 합동작품을 만들어 볼 수 있다.	솔방울, 도화지, 전지
솔방울 잡기	 ① 모아온 솔방울을 앞치마를 한 친구에게 던진다. ② 편을 나누어 게임을 할 수 있다.	솔방울, 앞치마

놀이명	놀이 모습	준비물
솔방울 농구	 ① 솔방울을 던져 바구니에 넣는다. ② 편을 나누어 게임을 할 수 있다.	솔방울, 바구니
다리 밑으로 슛!	 ① 다리를 벌리고 엎드린다. ② 다리 밑으로 솔방울을 던져 우드락 안에 넣는다.	솔방울, 우드락

놀이에 푹 빠지다

준비물	활동형태	형태
1	소집단 개별	바깥놀이

내 몸으로 공을 쳐요

(지도서 1-4, 38p)

준비물
놀이용 공(탱탱볼)

놀이방법
① 여러 가지 방법으로 공을 움직인다(한 손으로 공치기, 다리 들어 공치기,
   공 던지고 받기, 발로 차기, 머리로 공치기).
② 신체의 각 부분을 이용하여 공을 친다.
③ 노래에 맞추어 공치기를 해본다(머리 어깨 무릎 발).

> **Tip**
>
> 사전활동으로 실내 또는 바깥놀
> 이터에서 여러 가지 공으로 자
> 유롭게 놀이하도록 하고, 활동
> 을 여러 번 반복하여 유아들이
> 자신있게 활동하도록 한다.

다른 생활주제에서 찾은 비슷한 놀이:
• 출처: 5세 [건강과 안전] 지도서, 1-15, 69p
• 놀이방법: 한 줄로 서서 공을 머리 위로 전달하기, 공을 다리 사이로 전달하기,
  공을 바구니에서 옆 친구 바구니로 전달하기, 공을 바구니에 넣기

준비물	활동형태	형태
1	소집단	바깥놀이

긴 나무 투호놀이

(지도서 3-17, 176p)

준비물
투호를 던져 넣을 통(바구니 및 바닥그림으로 대체할 수 있음)

놀이방법
① 유아들에게 긴 나뭇가지들을 주워 오도록 한다.

② 시작점을 정하고, 유아 당 4~5개의 나뭇가지를 들고 투호놀이를 한다.

③ 나뭇가지가 아닌, 갈대나 쑥 등을 이용해 응용할 수 있다.

누리과정 교사용 지도서에서
찾은 놀이
5세 / 나와 가족

그림자 술래잡기

(지도서 4-12, 168p)

준비물
방울

놀이방법
① 술래를 정한다.

② 술래가 아닌 유아들은 햇빛이 비치는 곳에서 그림자를 만든다.

③ 술래가 된 유아는 방울을 들고 그림자를 밟으러 다니고, 나머지 유아들은 그림자가 밟히지 않도록 도
  망간다.

④ 이 때 내 그림자가 나무나 건물의 그림자 속에 숨으면 술래가 밟지 못한다.

⑤ 술래에게 그림자를 밟힌 유아가 술래가 된다.

다른 생활주제에서 찾은 비슷한 놀이:

출처: 5세 [건강과 안전] 지도서, 1-14, 67p

놀이방법: 가위바위보를 하여 진 유아는 술래가 되고, 술래는 친구의 그림자를 밟고, 밟힌 친구가 술래
가 된다.

준비물	활동형태	형태
1	대·소집단	바깥놀이

누구 뒤에 숨었니?

(지도서 5-12, 203p)

준비물

다양한 악기(유아가 원하는 것 1개씩 가져온다.)

놀이방법

① "우리 집에 왜 왔니?" 놀이를 운동장에서 해본다.

② 두 팀으로 나누어 악기를 나누어 가진 다음 악기를 뒤에 감춘다.

③ A: 우리 집에 왜 왔니, 왜 왔니, 왜 왔니~

　 B: 악기 찾으러 왔단다, 왔단다, 왔단다~

　 A: 무슨 악기를 찾으러 왔느냐, 왔느냐, 왔느냐~

　 B: 핸드벨을 찾으러 왔단다, 왔단다, 왔단다~

④ B팀은 A팀이 갖고 있는 악기 이름을 댄 후 악기를 갖고 있다고 생각되는 유아를 지적한다.

⑤ B팀이 지적한 A의 유아가 해당하는 악기를 갖고 있으면 악기를 B팀에게 준다. 잘못 지적한 경우 역할을 바꾸어 다시 놀이를 한다.

⑥ 상대방의 유아가 알지 못하도록 몰래 악기를 바꾸어 갖고 놀이한다.

> **Tip**
> 악기 소리에 집중할 수 있도록 조용한 곳에서 활동한다.

준비물	활동형태	형태
1	대·소집단	바깥놀이

신문지 놀이

(지도서 1-14, 71p)

준비물
신문지

놀이방법
① 짝꿍과 함께 신문지에 올라가본다.
② 짝꿍과 함께 신문지를 반으로 접어본다.
③ 작아진 신문지에 올라가본다.
④ 짝꿍과 함께 신문지를 반으로 한 번 더 접어본다.
⑤ 활동 후 신문지를 하나씩 들고 앉아서 찢어본다.
⑥ 찢은 신문지를 하늘에서 날려본다.
⑦ 찢은 신문지를 공처럼 뭉쳐본다.
⑧ 바구니에 신문지공을 넣어보거나 굴리기를 해본다.

Tip
• 신문지를 찢거나 뿌리기 활동을 할 때에는 넓고 안정된 장소를 선정한다.
• 신문지 공굴리기 할 때에는 신문지가 잘 뭉쳐지도록 테이프로 감싸준다.

준비물	활동형태	형태
✕	대·소집단	바깥놀이

돌멩이와 나뭇잎으로 소꿉놀이하기

(지도서 3–15, 160p)

놀이방법

① 유치원 주변에서 소꿉놀이에 쓸 다양한 재료를 모아본다(돌멩이, 나뭇잎, 나뭇가지 등).

② 자연물을 이용하여 음식을 차리고 그릇을 만들어 놓아본다.

③ 젖은 모래를 이용하여 다양한 음식을 만들 수 있다.

④ 만든 음식들을 가지고 소꿉놀이를 해본다.

Tip

돌멩이, 나뭇잎, 나뭇가지 등을 쉽게 모을 수 있는 장소를 미리 돌아보며 살펴보고 안내한다.

누리과정 교사용 지도서에서
찾은 놀이
5세 / 건강과 안전

줄넘기 놀이

(지도서 1-15, 71p)

놀이방법

① 줄넘기 줄을 바닥에 다양한 형태로 놓고 줄을 따라 걸어본다

    (직선걷기, S자 걷기, 원따라 걷기 등).

② 줄을 따라 다양하게 걸어본다(앞으로 걷기, 뒤로 걷기, 발끝으로 걷기, 보폭을 넓게 하여 걷기, 보폭을 좁게

    하여 걷기, 양 팔 벌려 걷기 등).

③ 줄을 돌려 넘으면서 걷는다(뒤에서 앞으로 줄을 넘긴 다음, 뛰어 넘기를 반복한다).

Tip

유아의 키에 맞는 길이의 줄넘기 줄을 사용하고, 다양한 형태로 놓을 때는 여러 줄넘기 줄을 연결하여 놓을 수 있다.

준비물	활동형태	형태
1	대·소집단	바깥놀이

후프 놀이

(지도서 1-17, 74p)

준비물

후프

놀이방법

① 후프를 충분히 탐색한다.

② 후프를 들고 방향을 바꾸어 움직여본다(왼쪽,
오른쪽, 위, 아래).

③ 후프로 운전을 해본다.

④ 후프를 허리 높이에서 돌려 본다.

Tip

친구들끼리 부딪히지 않고 안전
하게 활동하도록 하고, 처음부터
다양한 방법으로 전개하기보다
는 유아의 수준을 고려하여 점차
적으로 활동을 전개한다.

다른 생활주제에서 찾은 비슷한 놀이: 훌라후프 놀이하기

- 출처: 5세 [생활도구] 지도서, 1-23, 84p
- 놀이방법: 훌라후프를 허리로 돌리기, 목으로 돌리기, 팔로 돌리기, 징검다리 건너기,
  터널 통과하기, 훌라후프 굴리기 등

다른 생활주제에서 찾은 비슷한 놀이: 훌라후프 징검다리

- 출처: 5세 [나와 가족] 지도서, 1-5, 40p
- 놀이방법: 훌라후프를 바닥에 늘어놓고 두 발을 번갈아 뛰거나 두 발을 모아서 뛰기,
  두 명이 한 훌라후프에 들어가서 함께 걸어서 정한 지점을 돌아오기

준비물	활동형태	형태
1	대·소집단	바깥놀이

누리과정 교사용 지도서에서
찾은 놀이
4세 / 세계 여러 나라

다루마상가 고론다

(지도서 1-18, 79p)

놀이방법

① '무궁화꽃이 피었습니다'를 먼저 익혀본다.

② 술래가 눈을 가리고 벽이나 기둥을 향해 돌아선다.

③ 술래를 제외한 나머지 유아들은 반대편 출발선에 서 있는다.

④ 술래가 '다루마상가 고론다'라고 말한 다음 재빨리 돌아본다.

⑤ 술래가 돌아볼 때 움직이는 모습을 들킨 유아는 술래와 손을 잡고 서있는다.

⑥ 술래에게 들키지 않고 술래에게 제일 가까이 다가온 유아는 술래의 등을 치고 도망간다.

　잡혀있는 유아가 있다면 손칼로 잡힌 손을 자르고 함께 도망간다.

⑦ 도망가는 유아 중 술래에게 잡힌 유아가 다시 술래가 된다.

다른 생활주제에서 찾은 비슷한 놀이: 무궁화꽃이 피었습니다.

- 출처: 5세 [환경과 생활] 지도서, 5-12, 220p

- 놀이방법: '무궁화꽃이 피었습니다' 놀이를 할 때 유아들이 소리나는 물건

　(방울, 마라카스, 탬버린 등)을 들고 오다가, 술래가 뒤돌았을 때

　움직이거나 들고 있는 물건에서 소리가 나면 술래에게 와서 손이나 새끼손가락을 잡고 선다.

> **Tip**
> '다루마상가 고론다'는 일본놀이로서, '달마가 넘어졌다'라는 뜻으로 달마는 중국의 유명한 스님 이름이다.

누리과정 교사용 지도서에서
찾은 놀이
4세 / 생활도구

꽁꽁 감아라, 술술 풀어라

(지도서 1-21, 76p)

준비물
유아 3배 길이의 줄(줄넘기 줄 가능)

놀이방법
① 2명의 유아가 마주 선다.
② 줄의 양쪽 끝에 있는 고리를 허리에 건다.
③ 한 명은 그대로 힘을 주며 서 있고, 다른 한명은 줄을 잡고 몸에 감으면서 돈다.
④ 반대 방향으로 돌아서 줄을 풀고, 역할을 바꾸어서 다시 하여 본다.
⑤ 2명의 유아가 모두 줄감기에 익숙해지면, 양쪽에서 동시에 줄을 감으며
  안쪽으로 들어왔다 다시 풀어보는 활동을 하여 본다.

Tip
미리 손으로 줄을 감아보며 익숙해지도록 하고, 교실에서 사전에 줄을 가지고 감거나 푸는 활동을 해본다.

(유아가) 재미있는 놀이 - 온종일 해피데이

[온~종일 해피데이]라는 이름으로 운영했던 주제가 있는 놀이 활동들 중에 유아들이 재미있어 했던 놀이들을 모아보았다. [온~종일 해피데이]는 매주 금요일에 실시하였고, 하나의 놀이주제로 하루 종일 다양한 놀이를 펼쳐나가면서 유아도, 교사도 모두가 행복한 하루를 만들어 가는 과정이었다.

[온~종일 해피데이]를 실시하면서 놀이 수업 운영에 대한 여러 가지 시행착오를 거치게 되었고 그 과정에서 유아들은 추상적인 주제보다는 유아들에게 친근한 구체물이 있는 놀이를 훨씬 즐거워하고 놀이도 다양하게 펼쳐진다는 사실을 알게 되었다. 예를 들어 [온~종일 해피데이]에 실시했던 '웃음데이', '고운말데이', '나데이'는 추상적이어서 교사 주도의 놀이들이 많아지게 되고 유아들의 흥미가 떨어진 반면 '장난감데이', '공데이', '뚜껑데이' 등과 같은 구체물이 있는 놀이, 유아들에게 친근한 재료가 있는 놀이는 유아들이 놀이방법을 제안하고 유아 주도로 놀이가 펼쳐지면서 유아들도 적극적으로 놀이에 참여하는 모습을 볼 수 있었다. 그리고 주제에 따라서는 하루만 운영하기보다는 2~3일 또는 일주일 이상을 운영해도 될 만큼 다양한 놀이로 확장될 수 있다는 것을 알 수 있었다.

[온~종일 해피데이]는 지금도 현재 진행 중이다. 이 곳에 제시된 활동들은 1학기동안에 진행된 활동들이며, 2학기에도 계속 진행할 예정이다. 매주 금요일을 기다리는 유아들을 보며 더 재밌고 더 행복해지는 놀이가 무엇인지 고민하고 연구하게 된다. 같은 고민을 하고, 같은 연구를 하고 있는 현장의 교사들에게 이곳에서 소개하는 활동들이 도움이 되길 바란다.

연간 계획안

(1학기)

월	주	생활주제	주 제	활동명
3	1, 2	유치원과 친구	유치원에서의 하루	장난감day
	3		유치원의 환경	고운말day(인사말–사랑합니다)
	4		유치원에서 만난 친구	친구day
	5		함께 만드는 유치원	Birthday–생일축하해~♥
4	1	봄	봄의 날씨와 생활	꽃씨day
	2	동식물과 자연	궁금한 동식물	공룡day
	3		동물과 우리의 생활	컬러day
	4		식물과 우리의 생활 /자연과 더불어 사는 우리	Birthday–생일축하해~♥
5	1	나와 가족	나의 몸과 마음	웃음day
	2		소중한 나	'나'day
	3		소중한 가족의 생활과 문화	가족day
	4	우리 동네	우리 동네의 모습과 생활	신창day
	5		우리 동네 사람들 /우리동네 전통과 문화	Birthday–생일축하해~♥
6	1	건강과 안전	즐거운 운동과 휴식	나눔day(경제한마당)
	2		깨끗한 나와 환경	건강day(병원놀이)
	3		맛있는 음식과 영양	카페day
	4		안전한 놀이와 생활	Birthday–생일축하해~♥
7	1	환경과 생활	맛있는 음식과 영양	물day(물 실험실)
	2	여름	안전한 놀이와 생활	수박day
	3		물과 우리 생활	Birthday & 장기자랑day

월	주	생활주제	주 제	활동명
8	5		교통기관의 종류	Birthday-생일축하해~♥ (스티커day)
9	1	교통기관	교통기관의 변천과정	자동차day
	2		교통통신과 교통생활	웃음day
	3	우리나라	우리나라 역사와 자랑거리	한복day
	4		우리나라 사람들의 생활	Birthday-생일축하해~♥
10	1	세계 여러 나라	우리나라 놀이와 예술	전래놀이day
	2		세계 여러 나라의 생활	국기day
	3		세계 여러 나라의 문화유산과 교류	무비day
	4	가을	가을의 날씨	Birthday-생일축하해~♥
11	1		가을의 생활	낙엽day
	2	환경과 생활	빛과 우리 생활	반짝반짝day
	3		돌·흙과 우리 생활	스톤day
	4		바람·공기·소리와 우리 생활	Birthday-생일축하해~♥
	5	생활도구	다양한 생활도구	모자day
12	1		생활도구를 움직이는 힘	청소day
	2		생활도구로서의 미디어와 미래의 생활도구	발명day
	3	겨울	겨울의 날씨	스노우day
	4		겨울의 생활	Birthday-생일축하해~♥
1	1	유치원 졸업	졸업을 해요	체인지day

온종일 해피데이 안내문 예시

학기 초 학부모들에게 **온종일 해피데이** 운영에 대한 이해를 돕고자 다음과 같이 안내문을 보냈다.

♠ 유아의 다양한 특성이 반영될 수 있는 주제가 있는 놀이중심 유치원 운영을
  위해 매주 금요일 **온종일 해피데이**를 운영합니다.

♠ 매달 마지막 주 금요일에는 생일인 친구들을 위한 Birthday 행사를 합니다.
  아이들의 선물은 친구들과 함께 만들 예정이며 개인적인 선물은 일체 가져오지
  않습니다.

♠ 매주 주간교육활동계획안 가정통신문에 [온~종일 해피데이]에 필요한 준비물이
  나 활동에 대해 안내해 드릴 예정입니다. 항상 꼼꼼히 확인해 주시기 바랍니다.

♠ 가져온 준비물은 당일 다시 가정으로 보내드리오니 매주 금요일에는 가방을 꼭
  확인해주세요

♠ 3.4월 '**온종일 해피데이**'활동 안내

월	주	생활주제	주 제	활동명
3	1, 2	유치원과 친구	유치원에서의 하루	장난감day
	3		유치원의 환경	고운말day(인사말-사랑합니다)
	4		유치원에서 만난 친구	친구day
	5		함께 만드는 유치원	Birthday-생일축하해~♥
4	1	봄	봄의 날씨와 생활	꽃씨day
	2	동식물과 자연	궁금한 동식물	공룡day
	3		동물과 우리의 생활	컬러day
	4		식물과 우리의 생활/자연과 더불어 사는 우리	Birthday-생일축하해~♥

공데이

오직 동그란 모양만이 공이 될 수 있어요. 세모랑 네모랑 아무리 애를 써도 공은 될 수 없지요. 공은 모난 곳이 없어 어디든 굴러갈 수 있나 봅니다. 불평불만 없이 세상을 굴러 다니나 봅니다. 스스로를 돌아보게 됩니다. 모난 곳이 많아, 불평불만이 많아 세상을 편하게 굴러다니지 못하고 있는 건 아닌지 말이에요.

공이라고 생긴 것들은 모두 굴러다닙니다. 아주 작은 탁구공부터 아주 큰 짐볼까지 크기는 달라도 어디든 데구르르 굴러다닙니다.

말랑말랑한 탱탱볼부터 단단한 야구공까지 느낌은 달라도 어디든 데구르르 굴러다닙니다.

어떤 공이든 조금만 힘을 주어도 데구르르 굴러다니는 공들이 아이들을 놀이로 이끌고 깔깔거리게 만듭니다. 역사상 가장 오래된 장난감이 공이라는데……. 역시 공 하나만으로도 충분히 즐거운 온~종일 해피데이입니다.

1. 공이 데구르르(볼링)

준비물
집에서 가져온 다양한 크기의 공들, 벽돌블록

놀이방법
① 책상과 의자를 이용하여 볼링장을 만든다.
② 다양한 공들 중에서 볼링공으로 사용할 공을 선택한다.
③ 선택한 공을 굴려 벽돌블록을 넘어뜨린다.

Tip
넘어진 벽돌 블록을 세워주는 도우미, 공을 제자리에 가져다 놓는 도우미가 있으면 좋아요.

놀이를 한 후에

• 단순하지만 다양한 크기의 공으로 볼링을 한다는 것을 유아들이 무척 즐거워 했어요. 승패를 가리거나 점수를 매기는 게임보다는 어떤 공으로 어떻게 굴리면 블록을 많이 넘어뜨릴 수 있는지에 관심 갖도록 유도하면 좋을 것 같아요.

2. 공 크기가 달라요

준비물
다양한 크기의 공, 스톱워치

놀이방법
① 공을 모두 하나씩 나눠 갖는다.
② 옆 친구와 공 크기를 비교해본다.
③ 3명 친구와 공 크기를 비교해 보고 순서대로 선다.
④ 점점 숫자를 늘려 팀을 만들어 공 크기 순서대로 서보는 연습을 한다.
⑤ 친구들 앞에서 공 크기 순서대로 빠른 속도로 서 본다(시간 재기).

Tip

공 크기 비교하기 위해 팀을 정할 때는 다양한 기준을 제시해 주세요. (예: 치마 입은 친구들끼리, 모둠끼리, 남자친구들끼리, 공 색깔이 노란색인 사람들끼리 등)

놀이를 한 후에
• 처음에 빠른 시간 안에 순서대로 서보게 하면 아이들이 우왕좌왕하며 다툼이 일어나기도 하더라구요. 친구들과 공 크기를 비교하는 놀이를 충분히 펼치고 익숙해진 다음에 시간제한을 주니 더 집중하고 흥미있어 해요.

3. 공 받은 친구는 누구?

준비물
공

놀이방법
① 둥근 원으로 앉는다.
② 친구이름을 부르며 공을 보낸다.
③ 한번 공을 받은 친구 이름을 다시 부르면 탈락! (공 받은 친구가 누군지, 안 받은 친구가 누군지 기억해야
　해요.)

놀이를 한 후에

• 유아들이 공 받은 친구들을 기억하느라 순서가 뒤로 갈수록 긴장하는 모습을 보여서 귀여웠어요. 탈
락한 친구들에게는 벌칙보다는 게임 후 정리나 반을 위한 봉사 1가지씩을 할 수 있는 기회를 주었답
니다.

> **Tip**
> 존재감이 없거나 인기가 없는 유
> 아의 이름이 늦게 불리는 경우가
> 있어요. 그럴 때는 교사도 게임에
> 참여하여 그 유아에게 공을 먼저
> 보내주면 좋아요.

장난감데이

장난감이란 아이들이 노는 데 쓰는 여러 가지 도구입니다. 아이들이 노는 데 쓰려고 자기가 좋아하는 장난감 1개씩을 가지고 나타났습니다.

"선생님~ 이 자동차는 로봇으로 변신할 수 있어요."

"선생님~ 눌러봐요. 재밌죠?"

장난감 자랑하기 바쁜 아이들이 있는가 하면 아주 조그만 인형을 살짝 꺼내놓고 부끄러워하는 아이도 있습니다.

가지고 오는 장난감만 봐도 아이들의 성격과 마음을 엿볼 수 있었어요.

남의 떡이 커 보이는 것처럼 친구의 장난감이 좋아 보이는 아이는 조심스럽게 친구에게 함께 놀자고 말을 건넵니다. 흔쾌히 함께 놀이가 이루어지기도 하지만 그렇지 못한 경우도 당연히 있지요. 다투고, 울고, 이르고……, 시끌시끌해집니다. 자주 볼 수 있는 유치원 교실 속 풍경이지요. 서로 다른 장난감을 가지고 함께 놀이하며 서로 다른 성격으로 투닥투닥하기도 하지만 어느새 나름대로의 규칙과 약속을 정해가며 놀이하면서 함께 어울려 살아가는 방법을 배워가는 듯합니다.

1. 내 장난감을 소개해요

준비물
제목판 (글자배경 등)

놀이방법
① 집에서 가져온 자기 장난감 이름과 사용방법을 소개한다.
② 장난감의 다른 놀이 방법이나 궁금한 점에 대해 이야기 나눈다.
③ 원하는 친구와 1:1로 장난감을 교환하여 놀아 본다.
④ 모둠을 만들어서 장난감을 함께 가지고 놀아본다.
⑤ 장난감들을 가지고 마음껏 놀이한다.

Tip
장난감 소개하는 '크리
에이티브'의 영상을 함
께 본 후, 소개하면 도움
이 돼요.

놀이를 한 후에

• 장난감데이 때 자유선택활동을 하지 않고, 장난감을 소개하는 시간 빼고, 오전 내내 장난감으로 놀이하는 시간으로 할애할만큼 유아들이 흥미로워하며 다양하게 놀이했어요.

• 학기 초, 유아들이 아직 서로 덜 친했을 때, 매우 유용한 활동이 되었어요. 기회가 된다면 2학기 때 한 번 더 하고 싶었어요.

2. 친구들 장난감을 빌려서 놀아요

준비물
유아들의 장난감

놀이방법
① 장난감 대여점을 만들어 놀고 싶은 장난감 대여해서 가져간다.
② 장난감 놀이 후 대여점에 반납 후 다른 장난감 골라서 놀이한다.
③ 원하는 친구들과 장난감을 함께 가지고 놀이한다.

<u>놀이를 한 후에</u>
• 유아들이 자신의 장난감을 유치원으로 가져와서 놀이하
  며 자연스럽게 나눔과 협력을 실천하고, 함께 즐겁게 놀이
  하기 위해서는 규칙과 약속을 필요함을 알고 스스로 정해
  나가는 모습이 기특했어요.

Tip
• 놀고 싶은 장난감을 가지고 갈 때 유아
  들은 누가 먼저 고를 수 있는지에 매우
  민감해요. 장난감 대여하는 순서를 유
  아들과 이야기해서 정해야 합니다. 우
  리반에서는 이름뽑기로 순서를 정했답
  니다.
• 인기있는 장난감의 경우 유아들과 이
  야기하여 사용시간을 정해 놓아요.

풍선데이

| 2차시 이상 | 소집단활동 |

'지나가버린 어린 시절엔 풍선을 타고 날아가는 예쁜 꿈도 꾸었지'라는 노랫말처럼 둥둥 떠다니는 풍선만 봐도 동심이 절로 되살아납니다. 그러니 동심 가득한 아이들은 풍선에 열광할 수밖에요. 알록달록 풍선이 가득한 바구니와 공기주입기만 교실에 놔두었을 뿐인데, 등원하는 아이들의 눈이 반짝거리며 "풍선 불어도 돼요?"를 외칩니다.

교실바닥에 철퍼덕 앉아 씩씩거리며 공기주입기로 풍선을 부는 아이, 입으로 불겠다며 볼을 빵빵하게 부풀리는 아이들, 이미 풍선놀이는 여기서부터 시작되고 있었습니다. 풍선을 불다가 놓치며 바람 빠지는 소리가 방귀소리 같다며 박장대소를 하는가 하면, 풍선을 너무 크게 불어 '빵!' 터지는 소리에 화들짝 놀라기도 합니다. 그런가 하면 '빵!' 터질까봐 무서워 아주 조그맣게 불고 마무리하는 조심스런 아이도 있습니다. 시끌벅적 제각각의 풍선 불기가 끝나면 맞아도 아프지 않은 풍선으로 야구, 농구, 배구, 피구 등등 신나게 놀이를 시작합니다. 아이들이 좋아하는 풍선은 값싸고, 쉽고, 재밌는 놀잇감이 분명합니다.

1. 풍선 강 건너기

준비물

다양한 풍선, 벽돌블록

놀이방법

① 블록으로 사각형 강을 만든다.

② 풍선을 불어 강에 꽉 차게 넣는다.

③ 두 팀으로 나뉘어서 각각의 유아가 나와 강을 가로질러 건넌다.

④ 풍선을 터트리거나 풍선이 강 밖으로 나가지 않도록 조심히 건넌다.

Tip

• 풍선 불기를 놀이처럼 전개하면 금방 풍선을 채울 수 있어요.

• 다양한 풍선을 준비해 주면 더 재미있어요.

2. 풍선 나르기

준비물
풍선, 쟁반, 반환점

놀이방법
① 쟁반 위에 풍선을 올려놓은 뒤, 신호음과 함께 출발한다.
② 풍선을 떨어뜨리지 않고 반환점을 돌아온다.
③ 릴레이 형식으로 놀이를 한다.

Tip
풍선에 손을 대면 안되도록 규칙을 정 해도 재미있어요.

놀이를 한 후에
· 풍선이 떨어질 경우 어떻게 할 것인지 미리 규칙을 정해두어야 합니다. 구체적으로 규칙을 정해두지 않으면 다툼이 일어나고 놀이가 재미없어지기도 한답니다.

3. 풍선을 날려라

준비물
풍선, 부채

놀이방법
① 두 팀으로 나눈다.
② 상대방의 풍선에 부채질을 한다.
③ 상대방의 풍선을 먼저 돗자리 밖으로 내보내면 이기게 된다.

<u>놀이를 한 후에</u>

• 부채로 바람을 일으켜 풍선을 움직이는 놀이는 유아들이 무척 재미있어 했어요. 놀이를 확장하여 부
  채질로 풍선을 정해진 위치에 가져다 놓는다거나 풍선 멀리 보내기 등의 놀이를 할 수 있답니다.

Tip
부채가 클수록 바람
이 많이 일어나 놀이
가 더 재미있어요.

4. 풍선 몰기

준비물
풍선, 흰색 8절 도화지, 테이프

놀이방법
① 두 팀으로 나눈다.
② 흰색 도화지를 동그랗게 말아 만든 종이막대로 풍선을 치며 몰아간다.
③ 반환점을 돌아서 먼저 들어온 유아가 이기게 된다.

놀이를 한 후에

• 놀이에 유아들을 모두 참여시킬 필요는 없다는 생각이 들었어요. 다른 유아들이 자유놀이를 하는 동
  안 원하는 유아들끼리 모여서 소집단으로 놀이를 진행하는 것이 참여빈도가 높아 유아들이 더 좋아했
  어요.

Tip

꼭 도화지가 아니더라도 뿅
망치나 주걱 등을 이용해도
돼요. 유치원에서 구하기 쉬
운 재료는 무엇이든 활용해
도 된답니다.

5. 풍선 넣기

준비물
풍선

놀이방법
① 두 명이 손을 잡고 둥근 원을 만들고 선다.
② 한 명의 유아가 풍선을 쳐서 원 안에 넣는다.
③ 풍선을 원 안에 넣을 때 손을 잡고 있는 유아들이 풍선을 잡을 수 있다.

놀이를 한 후에
• 두 명의 친구가 원을 만들어 풍선을 쏙~ 넣어보는 놀이는 쉽고도 재미있는 놀이였어요. 풍선을 넣는 놀이뿐 아니라 원을 만들고 있는 친구들이 풍선을 잡을 수 있게 되자 더욱 재미있는 놀이로 확장되었어요.

Tip
세 명의 유아가 팀을 만들어 돌아가면서 놀이를 하면 좋아요.

얼음데이

점점 더워지는 여름. 집에서 가져오는 물통에 얼음을 넣어 오는 아이들이 있었어요. 물 먹을 때가 되면, 물통 앞에서 자리를 뜨지 않아 봤더니 물통에 있는 얼음을 빼서 입에 넣다가, 다시 물통에 뱉었다가……. 또 한참 뒤에 "선생님, 저 물 먹고 올래요" 얘기하고 가서, 물통에 있는 얼음을 입에 넣어서 굴렸다가 뺐다가…….

단순히 얼음을 입에 넣었다 빼며 그 차가움을 느끼는 것을 저렇게 재미있어 하는 아이들에게 얼음을 마음껏 문지르고, 가지고 놀게 하면 어떨까 하는 생각이 들었어요.

그러나 기대와는 달리, 처음에 얼음을 많이 주었더니, 아이들이 손으로만 주무르다, 입에 넣었다 빼기를 반복했어요. 아마 얼음은 먹는 것이라는 선입견이 있어서였던 것 같아요.

그런데 놀이방법에 대해 생각을 모으며, 얼음을 손으로 오래 만지지 못하니, 오히려 다양한 놀이방법이 생겨나더라구요. 때로는 아이들의 선입견이 놀이방법을 경직되게 하는 것 같아요. 그 선입견에서 벗어나게 도와주는 것이 '다양하게 놀이하기'의 시작입니다.

1. 얼음으로 놀이해요

얼음을 누가 손에 오래 올리나?

얼음 전달하기

가위바위보하고 얼음 문지르기

준비물
각얼음(마트에서 한 봉에 3,000원), 그릇

놀이방법
① 각얼음을 그릇에 하나씩 주어, 자유롭게 탐색해본다.
② 얼음을 이용한 어떤 놀이를 하고 싶은지 생각을 모아본다.
③ 유아들이 낸 의견은, 얼음을 손에 오래 가지고 있기, 가위바위보해서 이긴 유아 팔을 얼음으로 문지르기, 얼음으로 바닥에 그림 그리기, 그늘과 햇볕 아래에 어디에서 빨리 녹는지 알아보기, 녹아서 조그맣게 변한 얼음은 식물에 주기 등이었다.
④ 얼음으로 바깥에서 놀다보니, 유아들이 발바닥으로 얼음을 문지르고, 얼음을 발로 차기, 흙 위에서 얼음에 흙 묻히기 등의 활동들로 자연스럽게 하였다.

놀이를 한 후에
• 교사가 생각한 얼음활동은 얼음 전달하기, 사인펜그림 위에 얼음으로 덧그려 색 번지는 것 관찰하기, 얼음을 살짝 녹으면 얼음끼리 붙여서 얼음탑 쌓기 등이었는데 유아들의 아이디어만으로도 충분히 재미있고 자발적으로 활동이 진행되었어요. 때로는 교사의 의견이 유아들의 상상력과 놀이를 방해할 수도 있을 것 같아요.

Tip
유아들이 얼음에 대한 호기심으로 입에 넣거나 혀를 대는 경우가 많아서, 식용얼음을 준비해 주는 것이 좋아요.

얼음녹기 비교하기

얼음 그림그리기

얼음 발로 문지르고 차보기

얼음에 흙 묻히기

얼음팽이 돌리기

방석데이

다양한 놀잇감들-장난감이나 교구는 아니지만, 놀이를 하기 위해 정한 물건들-을 가지고 마음껏 놀이를 했는데, 아이들이 처음 놀이할 때는 그 놀잇감들의 특징에 한하여 놀이하는 게 대부분이었습니다. 공은 통통 튀기는 것으로, 풍선을 날리거나 던지는 것으로, 신문지는 말거나 찢거나 구기는 것으로…….

　대부분 놀잇감이 가지고 있는 외형의 물리적 특성에 선입견을 가지고 놀이했지요. 그래서 아이들이 접해보지 않았던 놀잇감을 정해 보았습니다. 던지거나 맞아도 아프지 않고, 세게 때리거나 앉아도 푹신하고, 어느 집에서나 있을법한 그런 것들 말이죠. 우리 아이들에게 또 다른 흥미와 놀이 아이디어가 뿜뿜 솟아났답니다.

　다른 놀잇감으로 놀이할 때보다 훨씬 더 다양하고 창의적인 놀이방법을 자발적으로 찾아내는 모습을 보고, 이런 놀잇감을 더 많이 찾아서 아이들이 스스로 놀이방법을 찾게 해주는 것이 나의 큰 역할일 거란 생각이 들었지요. 그 뒤로 어디에 가든 예쁘고 특이한 방석과 쿠션을 볼 때마다 '저걸로는 우리 아이들이 어떻게 놀까?'라는 생각이 먼저 드네요.

1. 방석으로 놀이해요

방석 머리에 이고 돌아오기

방석 아래 보물 찾기

방석 썰매 경주

준비물

방석이나 쿠션(가정에서 1개씩 가져 옴)

놀이방법

① 방석 주고받기: 둘씩 짝을 이루어 방석(쿠션)을 던지고 받아본다.

② 눈 감고 내 방석 찾기: 매트 위에 방석을 놓고 눈을 감고 손으로만 만져서 내 방석을 찾아 앉는다.

③ 방석 자리 뺏기: 유아 수보다 방석을 하나 덜 놓고, 주변을 돌다가 신호에 맞춰 방석에 앉는다. 방석에 앉지 못한 유아는 탈락하고 방석을 하나씩 빼면서 진행한다.

④ 방석 징검다리 건너기: 방석과 쿠션을 번갈아 나열하고 유아들이 차례차례 밟고 지나간다. 서로의 두께와 부피감이 다르므로 중심을 잘 잡아야 한다.

⑤ 방석 발로 전달하기: 동그랗게 앉아 발로만 쿠션을 옆 친구에게 전달한다.

⑥ 방석 던져서 받기: 내가 고른 방석이나 쿠션을 머리 위에 올리고 손으로 받아낸다.

⑦ 방석에 물건 올려서 옮기기: 두 명이 방석 위에 물건을 올리고 떨어지지 않게 옮긴다.

⑧ 방석 머리에 이고 돌아오기: 방석이나 쿠션을 스스로 골라, 머리에 얹고 손을 대지 않은 채 목표지점을 돌아서 온다.

⑨ 방석 아래 보물찾기:

- 보물을 찾을 유아(2명)는 교실 밖으로 나가 보지 않는다.
- 보물을 숨기는 유아(2명)는 교실에 있는 놀잇감을 골라 방석 아래에 숨긴다. 단, 6개의 방석 중 보물이 들어 있는 방석은 단 2개의 비율로 숨겨 놓는다.
- 밖에 나간 유아가 들어와서 열어보고 싶은 방석을 고른다.
- 동시에 들어보고 보물을 먼저 찾은 유아가 승리한다.
- 역할을 바꾸면서 해본다.

⑮ 방석 썰매 경주: 방석을 골라 썰매처럼 위에 올라타고, 방석을 끌며 먼저 도착하는 유아가 승리한다.

놀이를 한 후에

- 푹신푹신하면서 부피감까지 있는 방석으로 할 수 있는 활동이 무척 다양했어요. 처음에는 방석과 쿠션을 침대처럼 모아 놓고 수영하는 것처럼 놀이하던 아이들이 차츰 다양한 놀이를 생각해내고 실제로 해보았답니다.

방석 주고받기

눈감고 내 방석 찾기

방석 자리 뺏기

방석 발로 전달하기

방석 던져서 받기

방석 징검다리 건너기

방석에 물건 올려 옮기기

뚜껑데이

유치원 교사들은 물건을 쉽게 버리지 못합니다. 모든 재활용품들은 아이들에게 기발한 발명품 재료들이 되니까요. 그래서 가끔 옷 주머니에서 쓰레기와 재활용의 경계에 있는 물건들이 '짠~'하고 나타나기도 합니다. 그 중에서 가장 많은 건 물병이나 음료수병 등의 각종 '뚜껑'들입니다.

다양한 뚜껑들이 아이들에게로 가면, 바퀴도 되고, 얼굴도 되고, 로켓도 되고, 팽이도 되고, 블록도 되고⋯⋯. 그러니 쉽게 버리지 못하고 모으게 됩니다.

뚜껑으로 신나게 놀아 본 우리 아이들이 어느 날 주머니 한 가득 뚜껑을 모아 와서 주섬주섬 내어 놓습니다. 요 녀석들이 어느새 교사를 닮아가고 있네요.

뚜껑이 많이 모일수록, 다양해질수록 놀이도 많아지고 다양해집니다. 이제 세상의 모든 뚜껑들이 놀잇감으로 보이니 주머니 속에 더 많은 뚜껑들이 모일 듯합니다. 아주 작은 힘만 있어도 충분히 놀이가 가능한 뚜껑, 함께 모아 보아요.

1. 뚜껑 줍기

준비물
플라스틱 뚜껑 8개, 반환점

놀이방법
① 두 팀으로 나눈다.
② 바닥에 놓여진 4개의 뚜껑을 주워가지고
   반환점을 돈다.
③ 그 다음 유아는 뚜껑을 다시 표시된 부분에 놓아두며 돌아온다.

놀이를 한 후에
- 뚜껑은 유아들이 다양하게 놀이할 수 있는 정말 좋은 장난감이었습니다. 가볍고, 안전하고, 다양하고, 친근해서 온~종일 놀아도 질리지 않는 훌륭한 장난감이었어요. 평소 교실에도 교구처럼 구비해두어도 좋을 것 같아요. 강력 추천합니다.

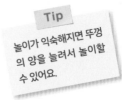

Tip
놀이가 익숙해지면 뚜껑의 양을 늘려서 놀이할 수 있어요.

2. 뚜껑을 넣어라

준비물
뚜껑, 우드락

놀이방법
① 두 팀으로 나눈다.
② 먼저 한 팀이 뚜껑을 던져 우드락 안에 넣는다.
③ 한 팀이 끝나면 우드락 안에 들어간 뚜껑의 갯수를 세어본다.
④ 다른 한 팀도 뚜껑을 모두 던진 후 우드락 안에 들어간 뚜껑의 개수를 세어본다.

놀이를 한 후에
• 뚜껑을 던져 우드락에 넣는 놀이에 익숙해지면 우드락에 과녁을 그려
  넣어 난이도에 따라 점수를 주어도 재미있을 것 같았어요.

Tip
우드락이 움직이지 않
도록 테이프로 바닥에
고정해 주세요.

3. 뚜껑 보내기

준비물
뚜껑, 색테이프

놀이방법
① 색테이프를 붙인다.
② 뚜껑을 손가락으로 튕긴다.
③ 색테이프에 가까이 갈수록 이기게 된다.

놀이를 한 후에

- 뚜껑을 다양하게 준비해두면 유아들이 어떤 것을 고를지 고민하는 과정을 거치면서 한 번 더 생각할 기회를 줄 수 있어요. 아주 큰 뚜껑부터 아주 작은 뚜껑까지 크기와 모양을 다양하게 제공해 주세요.

Tip

뚜껑에 이름을 미리 적어두어야 헷갈리지 않아요.

4. 뚜껑 탑 쌓기

준비물
다양한 뚜껑들

놀이방법
① 뚜껑들을 탐색한다.
② 뚜껑으로 탑을 쌓아 본다.

놀이를 한 후에

• 아주 단순한 놀이지만 탑을 쌓고 무너뜨리면서 유아들은 희열을 느끼는 듯 했습니다. 단순한 놀이로
  시작되었지만 점점 확장되면서 유아주도의 놀이가 진행되는 걸 볼 수 있었어요. 쉽고 단순한 놀이부
  터 시작해 보아요.

Tip
뚜껑 10개로 탑 쌓기라든가,
정해준 뚜껑들을 이용해 탑
쌓기 등 미션을 주면 더 흥미
진진한 탑 쌓기 놀이가 돼요.

공룡데이

티라노사우르스, 알로사우르스, 브라키오사우르스, 프테라노돈, 트리케라톱스, 안킬로사우르스…… '공룡'하면 줄줄줄 나오는 긴 이름들, 정말 아이들은 공룡들에 관심이 무척 많고, 공룡에 대한 지식도 매우 높습니다. 어른들보다 월등히 많은 공룡에 대한 지식들을 풀어내지요.

지금은 볼 수 없지만, 강력하고 거대했던 동물들에 대한 호기심과 경외감이 더 그렇게 만드는 것 같습니다. 그러면서 공룡 중에서 힘이 세고, 싸움을 잘 하는 육식공룡들을 선호하며 동일시하기도 합니다.

정재승 박사는 아이들이 공룡을 좋아하는 이유로는 첫째, 영화나 만화에서 보았고 나왔던 캐릭터여서, 둘째, 지금은 멸종해서 전혀 위험하지 않아서, 셋째, 크기가 어마어마해서, 넷째 포악한 종들도 있어서라고 이야기했습니다. 아이들에게 무한한 상상력과 환상을 키워줄 수 있는 대상으로, 커가면서 공룡에 대한 관심과 지식이 점차 줄어들겠지만, 지금 엄청난 관심을 갖고 있을 때 그 호기심과 욕구를 마음껏 충족할 수 있도록 해주는 것도 좋을 것 같아요.

Tip

• 김장매트는 크기가 매우 다양해요. 모둠별활동인 지, 전체활동인 지 고려해서 크기를 선택하세요.

* 김장매트 구입해 놓으시면 김치담그기뿐 아니라 물놀이, 모래놀이, 점토놀이 등등 다양한 활동에 편리하게 사용할 수 있어요.

1. 공룡의 나라로~

준비물
공룡모형들, 다양한 재활용품들, 벽돌블록, 김장매트

놀이방법
① 모둠별로 다양한 재료와 재활용품을 활용하여 공룡나라를 꾸미기 위한 소품 만들기(예: 공룡알, 화산,
   나무, 바위 등등)
② 김장매트에 모둠별로 만들어온 소품 배치하기
③ 벽돌블록을 이용하여 공룡나라 확장하여 꾸미기
③ 공룡나라를 완성한 후 공룡박물관에서 공룡을 가져와 자유롭게 공룡 놀이하기

놀이를 한 후에

• 유아들이 재활용품으로 만든 공룡나라는 어른의 눈으로 보면 정말 엉망진창이었어요. 하지만 유아들
  은 자신들이 꾸민 공룡나라에서 공룡이 되어 정말 신나게 놀이했답니다. 유아들이 흥미 있어 하는 주
  제인 만큼 하루만 놀이를 진행하는 것이 많이 아쉬웠어요.

2. 공룡알 만들기

준비물:
풍선, 에어펌프, 셀로판테이프, 한지, 풀

놀이방법
① 풍선에 바람을 적게 넣고, 한지로 감싸 붙여 공룡알을 만든다.
② 만든 공룡알들을 블록으로 감싸 보호한다.

놀이를 한 후에
- 풍선불기, 풀로 붙이기의 시간이 많이 걸렸는데, 많은 유아들이 하고 싶어 했어요. 충분한 시간을 주고 모든 유아들이 경험할 수 있도록 미리 계획하는 것이 좋을 것 같아요.

3. 공룡 가상체험하기

준비물
가상체험안경(인터넷쇼핑몰에서 3,000원 정도에 구입가능),
공룡 관련 가상체험앱

놀이방법
① 스마트폰에서 무료 공룡 가상체험 앱을 다운받은 후 실행시킨다.
② 가상체험 안경을 쓰고 감상한다.

놀이를 한 후에
- 단순한 앱으로 활용했는데도, 무서워하는 유아들도 있었어요.
- 가상체험(VR) 안경만 있으면, 다운받을 수 있는 다양한 주제와 내용의 앱이 많아요.

4. 공룡과 함께 사진찍기

준비물
공룡모형, 디지털카메라

놀이방법
① 공룡모형은 카메라 앞쪽에 두고, 유아는 카메라에서 먼 쪽에 두고, 유아가 공룡에게 쫓기는 설정을 하고 사진을 찍는다.
② 사진찍기가 끝나면 모두의 사진을 감상한다.

놀이를 한 후에
• 사진을 찍은 후, 왜 작은 공룡모형이 유아보다 더 크게 나왔는지 이야기나누며 간단한 원근법의 원리에 대해서 이야기나누면 좋아요.

> **Tip**
> 사진을 찍은 후, 바로 자기가 찍힌 사진을 확인시켜주면 더 흥미로워해요.

스카프데이

옷깃을 여며야 하는 바람이 불기 시작할 때에는 스카프가 그리워집니다. 그러나 요즘은 계절을 떠나, 스카프의 쓰임새는 남녀노소 불문하고 다양하며, 누구나 몸과 마음의 따뜻함을 채우고, 자신만의 멋을 표출하기 위한 중요한 도구로 유용하게 쓰여지고 있습니다.

그 옛날 장난감이 귀하던 시절에는, 엄마 스카프 혹은 보자기를 가지고 슈퍼맨 놀이, 꼬리잡기, 귀신놀이 등 다양하고 재미있게 놀았지요. 물론 보자기의 활용빈도가 압도적으로 많았지만요. 어릴 적 기억을 되살려 나 역시 교사시절에 아이들과 스카프로 바람을 만들고, 스카프 꽃을 만들어 공중으로 던져서 받아보고, 스카프 썰매도 신나게 타며, 스카프를 이용해서 다양한 놀이를 해보았어요. 또 얼굴도 가려보고, 이불처럼 누워도 보고, 토끼처럼 뛰어도 보고, 망또처럼 두르고 마냥 신나게 뛰어 놀았답니다.

옛 기억을 되살려, 지금 교실에서 우리 아이들과 스카프를 가지고 마음껏 뛰어 놀아볼까요? 아이들의 상상력을 한껏 깨워서 우리가 놀이한 것보다 훨씬 더 다양하고 재미있게 놀이할 거예요.

놀이에 푹 빠지다

1. 재어볼까?

준비물
집에서 가져온 다양한 크기의 스카프들

놀이방법
① 유아들이 가지고 온 스카프를 친구들에게 보여준다.
② 스카프를 가지고 길이를 재어보는 활동을 한다.
③ 편을 나누어 연결된 스카프 길이를 재본다.

놀이를 한 후에
• 바구니에 준비해온 스카프를 모아놓고 친구 스카프와 비교하고, 자유선택
  활동시간에 미리 놀아보도록 사전에 안내해도 좋을 듯하다.

Tip
활동을 하기 전 스
카프 접는 연습을
몇 번 해본다.

2. 스카프 춤을 추어요

준비물
다양한 크기의 스카프

놀이방법
① 스카프를 가지고 탐색할 수 있는 시간을 준다.
② 스카프를 공을 만들어 위로 던져서 받아보는 활동을 한다.
③ 스카프를 가지고 음악에 맞추어 마음대로 춤을 추어 본다.

놀이를 한 후에
- 교실에서는 좁아서 넓은 공간에서 하는 것이 좋으나 교실에서 활동을 진행하려면, 유아들을 반을 나누어서 활동하든가, 사전에 유아들과 부딪혀서 몸싸움이 일어나지 않도록 규칙을 정하는 시간을 갖는다.

3. 스카프 꼬리 잡기

준비물
스카프

놀이방법
① 둥근 원으로 앉는다.
② 자신이 가지고 온 스카프 끝 부분을 엉덩이 부분에 넣어 꼬리를 만든다.
③ 친구꼬리를 먼저 잡은 유아가 이긴다.

놀이를 한 후에

• 수건돌리기와 꼬리잡기를 하자는 유아들이 너무 많았어요. 시간을 정해서
  핸드벨로 끝나는 시간을 알려주는 것도 좋을 듯해요. 간혹 너무 눈싸움만
  하다가 끝나는 경우도 종종 있어요.

> **Tip**
> 활동 시 바닥이 미끄
> 러울 수 있으므로 양
> 말을 벗도록 한다.

수박데이

뜨거운 여름에는 역시 시원한 수박이 최고입니다. 더위에 지쳐있다가도 냉장고 속 수박을 꺼내 한 입 먹는 순간 수박은 우리에게 시원함을 넘어 행복감마저 전해줍니다. 그 순간만큼은 세상 부러울 것이 없지요.

수박을 먹고 나면 어김없이 입에 머무는 수박씨들이 귀찮기도 하지만 '퉤퉤' 뱉어 내는 순간 마음속 찌꺼기들도 함께 뱉어지는 것 같아 재미질 때도 있습니다. 그래서 아이들과도 수박을 먹고 '퉤퉤' 소리를 내며 씨를 멀리 뱉어 보았어요. 그러면서 수박씨 멀리 뱉기, 수박씨 뱉어 얼굴 위에 올리기 놀이가 시작됩니다. 수박껍질도 버려지기 전까지 아이들에겐 좋은 놀잇감으로 역할을 톡톡히 해냅니다.

뜨거운 태양을 견디고 자란 수박인데 우리에게는 오히려 시원함을 내어주는 둥글둥글 수박처럼 우리 아이들도 어떤 어려움도 견디는 힘이 지금 이 순간 즐거운 놀이를 통해 길러지면 좋겠습니다. 둥글둥글하게 세상을 살아가면 좋겠습니다.

1. 수박으로 놀이(수박 탱탱볼)

준비물
수박 탱탱볼

놀이방법
① 수박 탱탱볼을 탐색할 시간을 주어 어떤 놀이를 하고 싶은지 이야기 나눈다.
② 수박 탱탱볼을 손으로 쳐서 멀리 보내기, 발로 차서 책상골대에 넣기 등을 해본다.

2. 수박 큰 입 먹기 대회

준비물
수박, 접시

놀이방법
① 수박을 같은 크기로 자르고, 한 입 크게 베어 물어, 누구 수박이 작게 남는지 대회를 열어 본다.

3. 수박씨 모으기

준비물
수박, 접시

놀이방법
① 수박을 먹은 후, 씨를 모아서 누구 씨가 많이 모이는지 세어본다.
② 입 안의 씨를 위로 불어, 얼굴에 씨 붙이기를 해본다.

4. 수박을 먹고 나면

준비물
수박, 접시

놀이방법
① 수박을 먹은 후, 수박껍질과 씨앗을 이용하여 다양한 모양을 꾸며본다.
② 완성한 작품은 사진을 찍거나 친구들에게 보여준 후, 다시 다른 모양을 만들어 본다.

놀이를 한 후에
• 수박을 먹고 나서 버리기 쉬운 껍질과 씨앗도 유아들에게는 훌륭한 놀잇감이 되었어요. 미끌거리는 씨
앗의 느낌이 좋았는지 모양 만들기는 하지 않고 한참동안 씨앗으로 놀이를 하는 친구들도 있었어요.

Tip
자기가 먹은 것으로만 꾸
미기로 약속해야 해요. 그
렇지 않으면 친구들 것 가
지고도 조물딱거린답니다.

나데이

부모라면 누구나 아이들이 착하고 바르게 자라길 원합니다. 하지만 아이들이 마주할 이 세상은 만만치 않습니다. 무엇보다도 혼란스러운 가치관들이 아이들의 의지와 상관없이 주입되는 것, 그러한 여러 상황들을 어린 시절부터 마주해야 하는 상황이 더욱 답답하게 합니다. 우리 아이들이 각자의 꿈을 마음껏 펼칠 수 있는 삶의 무대를 과연 가질 수 있을까요?

세상 모든 것이 날마다 신기하고 즐거운 우리 어린이들은 새로운 것을 보면 따라 해 보고, 또 스스로 해 보면서 세상을 하나하나 배워 갑니다.

우리 아이들이 배우는 세상은, 자유롭고 공정하고, 공평하여 누구나 자신의 꿈을 마음껏 키워가고, 있는 그대로 바라봐도 이상하지 않고, 각자가 자기만의 가치와 신념을 선택할 수 있는 그런 세상이면 좋겠습니다.

그러기 위해서 우리 교사들은 두 발을 땅에 단단히 디디고서, 건강하고 당당하게 어린이들이 세상을 살아갈 수 있도록, 나를 존중하면서 타인은 배려하는 자존감을 키워나가는 교육을 해야 하겠습니다. 우리 어린이들이 무엇보다 마음이 건강한 사람으로 자랐으면 좋겠습니다.

1. 나의 책 만들기

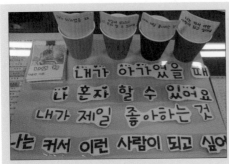

준비물
A3 용지(책 만들기용), 주제별 종이

놀이방법
① 나에 대해서 소개하고 싶은 것들에 대한 생각을 주제를 정한 후, 주제별로 한 페이지씩 직접 그림을
   그리고 채워서 책을 완성한다.
② 주제예시:
   → 내가 아가였을 때 모습 그리기
   → 나 혼자 할 수 있는 것 그리기
   → 내가 제일 좋아하는 것 그리고 쓰기
   → 내가 커서 되고 싶은 사람 그리기
   → 나와 같은 이름의 어른들
③ 출력하여 사진 뒤에 날짜와 친구 이름을 쓴다.

> **Tip**
> 미리 반 유아들의 이름을 포털사이
> 트에 검색하여 동명이인들을 찾고,
> 동명이인의 사진과 직업을 함께 출
> 력해서 주고 이야기도 함. 나의 책에
> 도 부착하도록 함.

놀이를 한 후에
• 다른 친구들의 작품을 보는 것을 재미있어 하였고, 특히 반 유아와 동명이인의 어른들이 무슨 일을
  하고 있는지 듣는 것을 무척 흥미로워 하였어요.

물데이

물속에 스펀지를 넣으면 물은 스펀지 속으로 쏘옥 스며들어 숨어 버립니다. 그 스펀지를 꾸욱 짜면 숨어있던 물들은 아무 힘도 없이 빠져나와 버립니다. 어디든 스며들어갔다가도 언제든 미련 없이 빠져나오는 물이 부럽기도 합니다. 투명한 물은 이 세상 모든 색이 될 수 있습니다. 민들레 꽃잎 위에서는 노란색이고, 무당벌레 위에서는 무당벌레색이고, 내 손바닥에서는 내 피부색입니다. 집착도 없고, 미련도 없는 물이지만 항상 있어야 할 곳에 있는 물을 닮고 싶습니다. 이런 물의 매력을 아이들도 본능적으로 알아차린 듯 물놀이의 인기는 대단합니다. 온 몸이 다 젖어 입술이 파르르 떨려도 물놀이를 멈추지 않습니다. 풍선, 스펀지, 그릇 등등 몇 가지 재료만 넣어주면 물놀이는 더욱더 활기를 띄게 됩니다. 뿌리고, 붓고, 섞고, 쏘고, 던지고, 옮기고, 담그고, 젖고……

놀면서 느낍니다. 물이 얼마나 신기한지, 물이 얼마나 소중한지, 물이 얼마나 즐거운 놀잇감인지 말입니다. 새삼 물이 더 소중하게 느껴집니다.

1. 비옷 패션쇼하기

준비물:
유아가 입을 수 있는 크기의 비닐(세탁소 비닐 등), 각종 꾸미기 재료

놀이방법
① 비닐옷을 유아 몸에 맞게 재단한다(팔구멍, 목구멍, 길이).
② 다양한 꾸미기 재료를 이용해 꾸민다.
③ 다 꾸민 비닐옷을 입고 패션쇼를 한다.

Tip

비닐 재단방법
(유아몸통이 들어가는 비닐)

세탁소 비닐 자르기

2. 물을 옮겨 볼까?

준비물
김장매트, 색깔물, 수조, 스펀지

놀이방법
① 김장매트에 물을 넣고 물감을 푼다.
② 스펀지를 이용하여 빈 수조에 물을 옮겨본다.
③ 충분히 놀이가 진행된 후에는 편을 나눠 물 많이 옮기기 게임을
할 수 있다.

<u>놀이를 한 후에</u>
• 스펀지로 물을 옮기는 방법은 매우 단순하지만 그 와중에도 물을 더 많이 옮길 수 있는 방법, 스펀지
를 더 꾸~욱 짜는 방법을 열심히 연구하는 아이들 모습을 볼 수 있었어요. 물은 아이들의 정말 좋은
놀잇감 같아요.

Tip
• 김장매트는 가볍고 물도 쉽게
버릴 수 있어 물놀이에는 정말
유용하게 활용할 수 있어요.
• 물에 물감을 섞어 색깔물을 만
들어 사용해야 물의 양이 잘 보
여서 좋아요.

3. 물그림 벽화

준비물
물, 물감, 스펀지, 투명접착시트지

놀이방법
① 김장매트에 물을 넣는다.
② 스펀지에 물을 적신 후 물감을 묻힌다.
③ 물감이 묻은 스펀지로 벽화를 마음껏 그린다.
④ 벽화를 지울 때에도 물감을 씻어낸 스펀지를 이용한다.

Tip
• 물감은 넓은 쟁반에 짜놓아야 스펀지에 묻히기가 쉬워요.
• 벽에 투명시트지를 붙여주면 활동 끝난 후 떼어버리면 되어서 편해요.
• 활동이 끝난 후에는 김장매트에 사용한 스펀지를 넣어 유아들이 들어가서 밟아주면 스펀지 세척도 되고 유아들에겐 또 다른 즐거운 놀이가 된답니다.

놀이를 한 후에

• 벽에 마음껏 스펀지로 그림을 그리는 유아들의 얼굴을 보니 환하게
  빛이 나는 듯 했습니다. 스트레스를 모두 날리는 듯한 모습이었어요. 벽이 좁고 낮아서 조금 아쉬웠
  어요. 마음껏 그림을 그릴 수 있는 공간을 확보해주면 더 신나는 놀이가 전개되었을 것 같아요.

4. 물풍선 놀이는 즐거워

준비물
물, 풍선

놀이방법
① 풍선에 물을 넣는다.
② 풍선 아래를 꾹 눌러 물을 발사한다.

놀이를 한 후에

- 풍선과 물은 유아들에게 모두 흥미를 주는 재료들입니다. 풍선에 물을 넣어 발사하는 놀이에서 더 높이 발사하기, 더 멀리 발사하기 등의 놀이를 만들어 갔습니다. 놀이는 쉽고 단순할 때 유아들이 새로운 놀이를 더 마음껏 만들어 낸다는 것을 알 수 있었어요.

Tip

- 큰 풍선을 이용해야 불지 않아도 물이 많이 들어가서 놀이가 재밌어요.
- 물풍선용 풍선은 작고 교사가 일일이 물을 넣어 만드는 일이 무척 힘이 들잖아요? 요즘은 물풍선을 쉽게 만드는 자동물풍선이 나왔더라구요. 참고하세요.

친구데이

"친구는 기쁨을 배로 해주고, 슬픔을 반으로 줄여준다"라고 키케로가 이야기했습니다.

우리 아이들에게 친구는 어떤 의미일까요? 그동안 부모님이나 친인척과의 관계에 한 정되었던 것에서 벗어나, 자발적인 타인과의 관계맺기를 시작하며 친구를 사귀게 됩니다. 친구들과 잘 놀이하다가도, 고집을 부리고 다투기도 하고, 또 그러다가 어느새 마음 이 풀려 웃으며 다시 놀이하기도 하지요. 그러고 보니, 상대방의 언행에 감정적으로 대응 하고 마음에 담아두는 건 커가면서 생기는 버릇인가 봅니다. 아이들처럼 순수한 마음으 로 상대를 바라보고, 감정을 솔직히 표현하고, 뒤끝없이 지낼 수 있는 그때 그 시기와 그 때 친구들이 그리워집니다.

어릴 적 땅거미가 질 무렵까지 함께 놀다가 헤어져 집으로 돌아갈 때 아쉬운 마음에, 친구 집에서 함께 자겠다는 엄마에게 투정을 부려 혼나고, 결국 엄마 손에 이끌려 각자 집으로 돌아가던 기억이 가끔 떠오릅니다. 지금은 스쳐지나가도 서로 알아보지 못할 수 있지만, 그 때의 즐겁고 따스했던 추억 속 친구는 아련하나 그리움이 되었지요.

또 학창시절 선생님의 눈을 피해, 친한 친구와 쪽지를 주고받으며 아무것도 아닌 일들 에 웃고, 비밀도 만들던 일도 떠올라 슬며시 미소도 지어집니다.

친구, 그 단어 하나만으로도 이렇게 많은 일들이 떠오릅니다. 우리에게 친구는 과거의 기억과 추억이 많지만, 우리 아이들에게는 어떨까요? 지금 내 옆에서 나랑 함께 노는 친 구뿐만 아니라, 만나는 또래 모두를 친구라고 생각하지요. 친구랑 놀기도 하지만, 친구랑 다투기도 하고, 친구에게 화도 내고, 친구를 이르기도 하고. 이런 친구와의 관계를 놀이 를 통하여 자연스럽게 서로의 장점을 살리고, 조화를 이루어 서로 다름을 인정하고 성장 하게 하면 좋을 것 같아요. 특히 서로 돕는 게 친구라는 개념을 어린이들에게 심어 주면 어떨까요?

1. 친구와 찰칵!

준비물
카메라, 우드락으로 만든 친구데이 포토존

놀이방법
① 좋아하는 친구나 친해지고 싶은 친구와 사진을 찍는다.
② 친구들과 찍은 사진을 보면서 간직하고 싶은 사진을 고른다.
③ 출력하여 사진 뒤에 날짜와 친구 이름을 쓴다.

놀이를 한 후에

• 친구라는 개념을 알려주기보다는 함께 사진을 찍고 웃고 깔깔대면서 친구를 몸으로 느끼는 시간이었
  습니다. 유아들이 친구들을 직접 사진 찍어주는 활동으로 전개해 봐도 좋을 것 같아요.

Tip

친구데이 포토존은 우드락을
하트모양으로 쏙쏙 잘라 아이
들이 색칠해서 만든 초간단 포
토존입니다. 사진만 봐도 만드
는 방법 아시겠죠?

2. 친구와 네임카드 교환하기

준비물
유아 목걸이이름표, 네임카드(유아당 10장)

놀이방법
① 목걸이 이름표에 플라스틱 고리를 이용해, 자신의 네임카드를 10장 정도씩 걸어 두었다가, 친구와 놀이하거나 대화한 후 자신의 네임카드를 서로 교환한다.
② 처음에는 짝꿍과 마주 이야기하고 주고받기→놀이하고 싶은 친구와 놀이한 후 주고 받기→하루 일과 중 함께 활동하거나 놀이한 후 함께 한 친구와 주고받기
③ 자기 네임카드를 모두 다른 친구들에게 나누어 주고, 친구 네임카드도 모두 채우면 미션 성공

놀이를 한 후에
• 아직 친구 이름을 외우지도, 글자를 잘 읽지 못하는 4세 유아들은 네임카드를 보며 친구 이름 익히는 데 도움이 되었어요.
• 집으로 가져간 친구 네임카드를 보며 부모님과 친구에 대해 이야기하며 부모님도 유아의 친구에 대해 더 관심을 갖게 되었습니다. 부모님께 네임카드를 들이밀며 친구이름을 외우라고 부모님께 숙제를 내준 친구도 있었답니다.

고운말데이

유아기는 언어발달의 결정적인 시기라지요.

'가는 말이 고와야 오는 말이 곱다'는 속담처럼 어릴 때부터 바른 언어 습관을 들이는 것은 아주 중요해요.

교실에서 이루어지는 '고운말데이'는 잘못된 언어습관 고치기, 상대를 향한 존중이 담긴 존댓말 사용하기 등 유치원 현장 실천 중심으로 인성교육을 함양하기 위해서랍니다.

험담이나 욕설은 세 사람을 죽인다는 말이 있어요. 말하는 사람, 그 대상자, 듣는 사람, 자신이 뱉은 험한 말이 자신뿐만 아니라 많은 사람들에게 피해를 주는 것이기 때문이에요.

우리의 말 한글은 유네스코 세계기록유산으로 등재될 정도로 아름답고 과학적이라는 것은 인증된 바 있어요.

이처럼 세계적으로 인정받은 아름다운 우리의 말을 학교나, 유치원 교실에서 욕설 등으로 함부로 사용하는 것은 참으로 안타까운 일이지요. 어린 아이가 말을 처음 배울 때 먼저 듣고 말을 배우게 되는 것처럼 내가 바른 말을 사용하기 위해 노력하다 보면 나의 말을 듣는 주변 사람들에게도 전달되리라 생각해요.

사람이 내뱉는 말이 그 사람의 인격을 이야기해 주는 것처럼 우리 교실에서부터 습관처럼 내뱉는 말들 속에서 고운 말을 사용하면서 오고 가는 말들이 서로에게 기쁨을 주기를 바라요.

1. 친구에게 고운말 스티커를 붙여 줘요

준비물
하트로 오린 시트지, 고운말을 적은 라벨지

놀이방법
① 친구들에게 듣고 싶은 고운말, 하고 싶은 고운말들에 대해 이야기 나눈다.
② 친구에게 고운말을 한 친구에게, 고운말을 적은 스티커를 붙여 준다.
③ 하루 일과를 마칠 때, 고운말 스티커를 가장 많이 붙인 친구를 선정한다.

▶ 고운말 스티커는 미리 시트지로 만들어 놓고, 유아들이 많이 쓰는 '고마워', '사랑해'는 라벨지로 출력
해 놓아 바로바로 붙여 주었고, 다른 고운말들은 시트지에 써서 붙여 주었어요.

<u>놀이를 한 후에</u>
• 친구에게 고운말을 하면, 스티커를 받을 수 있도록 선생님께 알려 달라고 했더니, 스티커를 받기 위
  해 고운말하고 선생님한테 말하라고 데려오는 친구들이 있었어요. 목적이 따로 있을지언정, 한 번이
  라도 더 고운말을 한 친구들이 너무 귀여웠답니다.

> **Tip**
> 아이들이 서로 놀이를 하다보면,
> 고운말을 해놓고도 인지하지 못
> 하고 지나가버리는 경우들이 있
> 어요. 처음에는 선생님이 관찰하
> 며 캐치하여 칭찬해주고 스티커
> 를 주는 것도 요령이에요.

2. 고운말 나무를 만들었어요

준비물
우드락 판, 나뭇잎 모양 초록색지, 매직

활동방법
① 듣고 싶은 말들 중에 가장 듣고 싶은 고운말을 고른다.
② 나뭇잎 모양 초록색지에 듣고 싶은 고운말과 자기 이름을 적어 나무에 붙인다.
③ 친구들이 듣고 싶은 고운말을 기억하여 온 종일 5번 말해주기 미션을 수행한다.

Tip

고운말 나무는 완성한 후 유아들이 자주 볼 수 있는 위치에 전시해 두고 지나다니면서 친구가 듣고 싶어하는 고운말이 무엇인지 확인하고 직접 해주도록 안내해주면 좋아요.

놀이를 한 후에

• '고운말'이라는 추상적인 개념을 아이들과 놀이로 이끌어 내기가 쉽지 않았어요. 유아주도보다는 교사주도로 활동이 진행되었고 재미가 없었어요. 그래서 '놀이란 무엇인가'에 대해 더 생각하게 되는 계기가 되었고, 놀이주제로 추상적인 개념보다는 구체물이 있는 놀이주제가 좋다는 걸 알게 되었어요.

놀이와 함께 성장하다

놀이하며 투닥투닥

놀이를 할 때 안전사고와 분쟁에 대비하여 학급규칙을 만들고 시행하는 것은 당연하다. 하지만, 여러 유형의 돌발 상황이나, 즐거운 놀이를 방해하는 상황들이 생기기 마련이다.

각각의 이유는 모두 다르고 다양하겠지만, 유형을 나누어 그런 유아들이 자발적으로 즐겁게 참여할 수 있도록 유도했던 방법들을 함께 나누고자 한다. 여기의 상황과 대처가 정답이 아닌, 해당 유아의 성격과 기질과 심리를 잘 알고 있는 상태에서의 하나의 예시일 뿐이라는 것을 고려하여 보면 될 것이다.

단, 교사가 아무리 유아입장에서 즐겁고 유익한 놀이들을 계획하였어도, 참여의 주체는 유아이므로, 유아가 자발적으로 참여할 수 있도록 배려하고 기다려주는 것에 초점을 맞추었다는 것을 전제한다.

편의상 유아명은 가명을 사용하였다.

"안 놀고 싶어요."(무기력)

보검이가 놀이를 하지 않고 언어영역 소파에 무기력하게 앉아 있다.

"보검아, 왜 그래? 어디 아파요?"
"아니…."
"집에서 무슨 일 있었어?"
"아니."
"혹시 유치원 오다가 넘어졌어요?"
"아니요."
"친구 때문에 속상한 게 있어요?"
"아니요."
"근데 왜 안 놀고 있어?"
"안 놀고 싶어요."
"왜 안 놀고 싶은지 선생님이 궁금하네.. 왜 그런지 말해 줄 수 있어?"
"모르겠어요."
"그래? 그럼 지금은 여기서 조금 쉬고 싶어?"
"네."
"그럼 왜 안 놀고 싶은지 이따가 생각나면 얘기해줘~."

(끄덕끄덕)

왜 그랬을까?

자기에게 무슨 일이 있었는지, 무엇 때문에 기분이 좋지 않았는지 적극적으로 이야기하는 유아들도 있지만, 물어도 대답하지도 않고 우울해하는 유아들이 있다. 이야기하고 싶지 않을 수도 있지만, 정말 자기 기분이 왜 좋지 않은지 잘 모르는 유아들도 있기 마련이다.

어떻게 하면 좋을까?

이럴 때 교사가 조급해지면 자칫 유아들에게 재촉하거나 억지로 놀이에 참여시키기도 한다. 하지만 가장 좋은 것은, 기다려주기이다. 놀이는 유아 스스로 준비가 되었을 때 자발적이고 적극적이고, 가장 재미있기 때문이다. 설사 교사 생각에 유아들이 정말 좋아할

만한 놀이를 계획하여 진행할지라도, 준비가 되지 않는 유아는 그 놀이모습을 지켜볼 수 있게 하고, 스스로 준비할 수 있도록 시간을 주자.

이렇게도 생각해볼까?

유아들이 잘 모르는 두려움 같은 것이 마음속에 숨어 있고, 이것들이 반복되는 경험에 의해서 매사 무기력하게 행동할 수 있다. 또한 실패가 두려워 미리 포기해버려서 무기력 해지기 쉽다.

교사는,

1. 유아의 생각과 감정을 충분히 물어보고 격려하는 태도가 필요하다.

2. 작은 것을 계획하여 실천해 보는 경험을 준다.

3. 교사와 함께 역할놀이를 하며, 유아가 하고 싶은 것, 좋아하는 것을 상호작용을 통하여 이끌어내어 유아의 마음을 읽는 것이 필요하다.

"안 놀거에요!"(화남)

혜교가 화가 난 표정으로 교구장에 기대어 앉아 있다.

"혜교 표정이 속상해 보이네. 무슨 일이야?"
"내가 먼저 라푼젤 드레스 가지고 놀려고 했는데 태희가 가져 갔어요."
"아 정말? 진짜 속상했겠네. 근데 혹시 혜교가 먼저 드레스 잡았는데 태희가 뺏은거야?"
"그건 아닌데, 내가 먼저 가지고 놀려고 했다구요."
"그럼 혹시 드레스 입으려고 생각하고 역할영역에 들어갔는데 태희가 드레스를 입은 거야?"
"네."
"아, 그럼 태희는 혜교가 드레스를 입으려고 생각한 걸 알고 가져간 거야? 모르고 가져간 거야?"
"……."
"그랬구나. 우리 혜교가 드레스 입고 싶었는데 못 입어서 속상했겠다. 우리 가서 태희한테 혜교도 라푼젤 드레스 입고 싶다고 이야기할까? 선생님이 도와줄게." (도리도리)

"이야기 안 하고 싶어?" *(끄덕끄덕)*

"선생님이 이야기해줄까? *(도리도리)*

"그럼 혜교는 어떻게 하고 싶어? 선생님이 도와주고 싶은데."

"안 놀고 싶어요."

왜 그랬을까?

교사의 입장에서 보기에는 사소한 이유지만, 유아들에게는 속상한 상황들이 생길 수 있다. 그럴 때 적절하게 중재하고 싶지만 유아들이 이것도 거부, 저것도 거부할 때가 있다.

어떻게 하면 좋을까?

이 때 교사가 하기 쉬운 실수는 "그래? 그럼 너 마음대로 해. 너가 친구에게 얘기하지도 않고 삐져 있으면 너만 손해지"라고 유아 탓을 하는 경우이다. 이 때 유아는 속상한 마음에 비수까지 꽂히게 되어, 회복하는 데 시간이 더디 걸리게 된다.

일단은 유아 마음을 달래주는 것이 먼저이므로, 차라리 교사와 놀이를 하며 다른 놀이에 재미를 느끼게 해주는 것이 좋다. 손가락 놀이(쎄쎄쎄, 실뜨기 등) 등 신체를 이용한 놀이를 하는 것도 좋다.

이렇게도 생각해볼까?

유아가 마음속에 불평과 불만이 쌓여서 놀이를 거부하고 고집하는 경우가 종종 있다. 이럴 때는 시간이 필요하다. 이때는 유아에게 놀이를 강요하기보다, 일단 하지 않아도 된다고 하고, 교사가 다른 친구들과의 재미있게 놀이하는 모습을 보여 주면서 "조금 쉬었다가 같이 하고 싶으면 와도 된다"고 말해 준다.

이후 해당 유아의 감정을 살피면서 상황에 따라 작은 역할을 제시하며 자연스럽게 놀이 참여를 유도할 수 있다.

"에이, 재미없어(시시해)~!" (져서 흥미를 잃음)

서준이는 1:1놀이에서 이기고 즐거운 마음으로 자기팀을 열성적으로 응원하고 있다.

서준: "민영아! 이겨~! 더 빨리 들어와야 해!" (민영이가 짐)

서준: "태현이 잘 해라! 태현이 이겨라!" (태현이도 짐)

결국 서준이 팀이 졌다.

서준: "아~~~. 시시해."

교사: "우리 이번에는 맨 뒷줄 친구부터 한 번 더 해볼까요?"

유아: "네! 또 하고 싶어요."

서준: "아니요. 그만해요. 재미없어요!"

교사: "서준아, 우리 한 번밖에 안 했잖아. 다른 친구들은 모두 한 번 더 하고 싶다고 하는데 서준이가 양보해줄 수 있겠니?"

서준: "싫어요~! 재미없어요. 하지 마요."

왜 그랬을까?

유아가 자신의 감정을 조절하지 못하고 전체적인 분위기를 저해하는 경우가 종종 생긴다. 이럴 때 그 유아에게 집중하여 설득하려고 하면 오히려 고집을 부리기도 한다.

　또한 가정에서 부모와 같이 놀이 할 때, 항상 부모가 게임에서 일부러 져 주었다면 유아는 어디에서나 이기는 것이 당연하다고 받아들여, 지는 것을 참지 못하게 될 수도 있다.

어떻게 하면 좋을까?

유아가 감정을 추스르고, 상황을 객관적으로 바라볼 수 있도록 잠시 놀이를 하지 않고 다른 유아들의 놀이상황을 보도록 한다. 단, 동참하고 싶으면 언제라도 다시 참여할 수 있음을 미리 알려 주고, 유아의 행동에 대해 탓을 하거나 비난하지 않는다. 만약 떼를 쓰거나, 지나치게 격앙되어 있어 즉각적인 지도가 필요하면, 유아를 데리고 나와 다른 유아들이 보지 않는 상황에서 이야기를 나눈다.

이렇게도 생각해볼까?

욕심 많고 의욕적인 성향을 가진 적극적인 유아일수록 이런 행동을 보인다. 이런 태도의 장점을 살려 준다면 자신이 하고자 하는 방향대로 잘 해낼 수 있는 성공적인 유아로 자랄 수 있다. 그러나 지나치면 친구들과 원만한 관계를 갖는 데도 문제가 되고, 스스로 심한 스트레스를 받을 수 있다.

이런 유아는 경쟁이 심한 놀이보다 서로 협력하여 완성할 수 있는 놀이가 보다 적절하다. 학기 초에는 편게임보다는 승패가 없는 원게임 등을 많이 하여, 승부에 너무 집착하지 않도록 해서 유아들이 익숙해진 다음 편게임을 계획할 수 있다.

"쟤만 가지고 놀아요."(친구를 자꾸 이르러 옴)

정재가 벌써 두 번째 친구를 이르러 왔다.

정재: "선생님 내가 미니카 달라고 우성이한테 말했는데 그래도 안 줘요."
교사: "우성이가 먼저 가지고 놀고 있었다면서. 근데 우성이가 양보하기 싫대?"
정재: "네, 나 지금 꼭 필요한데."
교사: "근데 정재야. 우성이도 필요해서 가지고 놀고 있는 거고, 먼저 가지고 있으니까, 우성이가 지금 양보하기 싫다고 하면 기다려야하지 않을까?"
정재: (말없이 다시 쌓기영역으로 돌아가서, 놀이하지 않고 우두커니 앉아서 미니카만 바라보고 있다. 약 2분 후)
정재: "선생님. 미니카를 우성이만 계속 가지고 놀아요. 욕심쟁이예요."
우성: (멀리서 정재와 교사의 대화를 지켜보다가 쭈뼛거리며 다가온다) "자. 이거 너 해."

왜 그랬을까?

특정 놀잇감에 집착하여 끝까지 가지고 놀려고 하는 유아, 자기도 필요함에도 불구하고 교사의 눈치를 보며 포기해 버리는 유아, 그 가운에 적절한 중재가 참 난감하고 어려운 일이다.

고집 부리는 유아 앞에서는 배려심이 있는 유아가 늘 손해 보는 것 같기도 해서 안타

깝기도 하고, 그러한 상황이 반복되면 때로는 학부모의 민원이 생기기도 한다.

어떻게 하면 좋을까?

갈등상황이 생겼을 때 되도록 유아들끼리 해결할 수 있도록 하는 것이 가장 좋지만, 양보와 배려를 하지 않는 유아가 있으면 유아들끼리 해결되지 않는다. 또한 교사에게 계속 고자질하는 유아가 있으면, 그걸 지켜보는 상대유아는 심리적 압박감을 느껴 포기 섞인 양보를 하게 되는 경우가 많다. 어쨌든 자발적인 양보를 했을 경우, 그에 대해 양보받은 유아가 고마움 표시를 꼭 하게 하고, 교사는 양보한 유아의 마음을 읽어 주며 공감해주는 것이 필요하다.

이렇게도 생각해볼까?

고자질하는 유아는 친구와 잘 어울리지 못하는 경우가 많다. 이러한 유아의 일부는 교사에게 인정받고 사랑을 얻고 싶으나 그것이 잘 이루어지지 않을 때, 친구의 잘못된 점을 교사에게 알림으로써 자신의 존재를 나타내는 경우도 있다.

이 때 교사는 그 유아의 말에 동조하는 일을 되도록 피하고, 고자질하는 행위가 강화되지 않도록 다른 유아의 나쁜 점을 들었을 때 담담한 반응을 보여줄 필요가 있다. 하지만 그렇다고 냉담하는 태도를 보이면 유아가 오히려 상처받을 수 있으므로, 고자질하는 심리를 파악하고 이해해주는 것이 필요하다.

"선생님, 뭐 해요?"(교사에게 몰입함)

자유선택활동시간, 교사는 직전에 했던 수업자료를 정리하고 있다.

향기: "선생님 뭐해요?"
교사: "응…. 선생님 이 자료 정리해두고 친구들이랑 놀이하려고. 근데 선생님한테 할 얘기 있니?"
향기: "아니요." (교사가 정리하고 있는 것을 함께 정리한다.)

교사: "고마워~. 근데 이거 도와주지 않아도 돼. 금방 할 수 있어. 향기는 가서 놀이해~."

향기: (자리를 뜨지 않고 교사가 정리하는 것을 지켜본다. 정리가 끝나자, 교사의 물건들을 이것저것 만지며 관심을 갖는다.)

교사: "향기야. 선생님 이제 친구들 놀이하는 것도 보고, 함께 놀이할 거야. 향기는 어떻게 할래?"

향기: "선생님 따라 갈 거야." (애교를 부리며 교사 손을 잡고 간다)

교사가 다른 유아와 상호작용하는 동안에도 교사 주위를 맴돌며 교사 머리카락을 만지거나, 뒤에서 안거나, 말을 시키거나 하며 본인 놀이는 하지 않는다.

왜 그랬을까?

다른 유아들과 관계가 특별히 나쁘거나, 교사에게 집착하지 않음에도 불구하고, 때로는 놀이보다 교사에게 더 관심을 보이는 경우가 있다. 다른 유아와의 놀이가 만족스럽지 않은 이유도 있겠지만, 교사를 너무 따르는 마음에 그런 일이 생기기도 한다. 자칫 다른 유아들에게 교사가 특정 유아하고만 친하다는 느낌을 주게 될까봐 교사는 의도적으로 유아에게 놀이를 강요하기도 한다.

어떻게 하면 좋을까?

친구들과 놀이하지 않는 특별한 이유 없이, 교사와 더 상호작용하고 싶어 한다면 내버려두는 것도 좋다. 단, 교사도 그 유아와 단둘이 상호작용할 필요는 없이, 교사 나름의 계획에 따라 활동하고, 유아의 관심에 적당히 대응만 해주면 된다.

유아 나름의 호기심의 표현이거나, 내재되어 있는 감정이나 요구 해소의 방편일 수 있으므로, 교사에 대한 몰입을 군이 배척하며 놀이를 강요할 필요는 없다. 자연스럽게 봐주고, 자연스럽게 대응하면 될 것이다.

하지만, 계속적으로 교사에게만 집착한다면, 유아의 또래관계 및 가족관계에 대해서 심층적으로 관찰하여 원인을 파악할 필요가 있다.

이렇게도 생각해볼까?

가정에서 엄마를 졸졸 따라다니는 유아의 경우, 유치원에서도 이런 행동을 하기도 한다.

이런 경우에는 교사가 유아의 자립심을 키워주고 마음의 안정을 주도록 배려하는 것도 필요하다.

교사가 따뜻하게 안아준 다음, "향기야, 선생님을 대신하여 ○○를 도와주면 좋겠구나"라고 하며 반에서 활동이 조금 늦고 도움이 필요한 유아를 선정하여, 그 친구를 1:1로 도와주게 함으로써, 교사로부터는 자신이 특별하다는 느낌을 받고, 스스로는 성취감을 느끼게 할 수 있다.

"내꺼야! 저리 가~!"(놀이를 방해함)

자유선택활동시간, 지현이에게 자꾸 갈등상황이 발생한다.

친구1: "선생님, 지현이가 또 블록을 뺏어 갔어요!"
친구2: "선생님, 지현이가 내 얼굴에 침 뱉었어요!"
친구3: "선생님, 지현이가 주사위를 다른 영역까지 던졌어요!"
친구4: "지현이가 다리를 쭉 뻗고 있어서 내가 넘어졌어요."
친구5: "선생님, 지현이가 나쁜 말 했어요."

왜 그랬을까?
일부 유아는 관심 받고 싶을 때나, 자기가 좋아하는 친구에게 다가가기 어려울 때, 좋은 행동보다는 친구를 괴롭히거나 바람직하지 않은 행동으로 관심을 끌 때가 생기기도 한다.

어떻게 하면 좋을까?
특정 유아에게서 갈등상황이 반복될 때 먼저 관찰해야할 것은

늘 갈등상황이 생기는 유아인가?

당일 유독 갈등상황이 반복되는가?

만약 1에 해당된다면, 이는 문제행동수정을 위한 체계적인 관찰과 지도가 필요하므로, 보다 전문적인 접근을 해야 한다. 그러나 여기서는 놀이 과정에 비지속적인 유형에 대해 살펴보고자 한다.

2에 해당이 된다면, 먼저 유아의 체온을 재는 등 컨디션을 살펴봐야 한다. 유아는 스스로 컨디션이 좋지 않음을 인지 못하는 경우가 많고, 그런 상황에서 힘들어서 짜증을 낼 수 있기 때문이다. 만약 컨디션이 괜찮다면, 혹시 가정에서 특이사항이 있어 심리적으로 불안한지 파악해야 한다. 유아가 이야기를 하지 않으려 하거나, 스스로 인지 못할 수도 있으므로, 학부모님께 물어보는 것이 필요하다.

하지만 유아가 평소와 다르게 계속적으로 갈등을 일으킨다면, 일단 교사는 유아를 다독일 필요가 있다. 유아가 인지 못하는 신체적·심리적 문제가 있을 것이라 전제하고 더 따뜻하게 대하고, 이야기를 들어주고, 가능하다면 도우미 등의 역할을 주거나, 심부름을 시킨 후 칭찬해주어 유아가 정서적으로 만족할 수 있는 계기를 만들어 주는 것이 좋다. 그리고 컨디션을 지속적으로 체크하고, 학부모와 정보교류하는 것이 필요하다.

이렇게도 생각해볼까?

방해 행동을 자주하면, 다른 유아들에게 부정적인 낙인이 찍혀 원만한 또래 관계 맺기가 어려워진다. 친구들이 싫어하는 것을 알면서 친구들을 괴롭히며 방해하는 유아들은 그 친구와 사귀고 싶어서이고, 친구와 어울리는 방법을 몰라서 방해하는 행동으로 관심을 끄는 경우도 있다. 유아와의 면담을 통하여 같이 놀이하고 싶은 친구를 알아보고, 교사가 중재하며 친구를 만들어 줄 수 있다.

"……."(혼자 놀이함)

혜수가 자석블록으로 구성을 하고 있다.

친구1: "어, 너 거북이 만들어? 나도 만들 수 있는데. 같이 만들까?"

혜수: (대답 없이 친구를 한 번 바라보고 구성을 계속 한다.)
친구1: (혜수 얼굴 앞에 얼굴을 내밀며) "나랑 만들기 싫어?"

　　　(계속 대꾸가 없자, 다른 곳으로 가버린다.)

혜수가 미술영역에서 그림을 그리고 있다.
친구2: "야, 너 진짜 악어 잘 그린다. 우리 형도 잘 그리는데…."
혜수: (대꾸하지 않고 그림만 그린다.)
친구2: "너 말 못 해? 왜 말을 안 해?"

혜수가 수조작영역에서 주사위놀이를 하고 있다. 수조작영역에 있는 친구들은 자기들끼리 보드게임을 하고 있고, 혜수는 누구와도 이야기를 하지 않고 혼자 놀이한다.

왜 그랬을까?

유독 말이 없고, 혼자 놀이하는 유아가 있다. 교사가 말을 걸고 상호작용을 시도해도 별 반응을 보이지 않는 때가 많다.

　기질상 혼자 놀이하는 것이 편하고, 자신만의 상상력 속에서 즐거워하는 유아들이 있다. 이런 유아는 친구나 유치원을 싫어하지 않고 오히려 유치원 다니는 것을 무척 좋아하지만, 굳이 또래와 상호작용하지 않아도 유치원의 놀잇감과 활동들이 즐겁기만 하다. 이런 유아는 가정에서도 엄마 아빠나 형제자매들과 상호작용하면서 놀기보다는 혼자서도 오랫동안 몰입하여 놀기도 한다.

어떻게 하면 좋을까?

유치원 오는 것에 대한 거부감 없이, 단지 말수가 적은 기질이 원인이라면, 장기적인 계획을 가지고 유아를 대하는 것이 필요하다. 이 유아는 다른 유아 앞에서 이야기하기, 교사와 1:1로 대화하는 기회를 지속적으로 제공해야 한다.

　이 유아는 또래와 개인적인 대화는 하지 않는 경우가 많아, 다른 유아들은 '말 안하는 아이'로 인식하고 있을 수 있다. 따라서 발표하는 모습을 친구들에게 노출시켜 주는 것이 좋다. 단, 혼자만 발표하는 상황이면 오히려 부담을 느끼거나, 다른 유아들에게도 부정적인 특별함의 이미지를 줄 수 있으므로, [모두 말하기] 등의 시간을 만들어, 모든 유아가 다 발표를 하도록 하면 자연스럽게 발표하는 것을 받아들이게 된다. 또한 교사는 매일 유아와 대화하는 시간을 만들어, 유아들과 1:1로 5명 정도씩 대화를 나누고, 말수가 없는 유아는 매일 대화하며, 자기 이야기를 하는 것이 익숙해지도록 한다.

이렇게도 생각해볼까?

친구관계형성에 어려움을 갖는 것은 지나친 수줍음이 원인일 수 있다. 스스로 수줍음을 극복하도록 심하게 재촉하지 말고, 기다려 주어야 한다. 그리고 혜수가 제일 좋아하는 친구랑 같이 할 수 있는 협동적인 활동을 계획해준다.

"우리 아빠한테 말해서 수갑 채운다." (부적절한 말을 함)

승원이랑 해진이가 공기놀이를 하다 해진이가 더 많이 가져갔다고 갈등이 생겼다.

승원: "너 우리 아빠한테 말해서 수갑 채우고, 감옥에 집어넣어 버린다."
해진: "그래라. 나도 아빠한테 말해서 너 혼내라고 말할거다."
승원: "너 자꾸 그러면 목을 잘라 버린다."
해진: "너 선생님한테 다 일러. 나쁜 말 했다고."
승원: "미안해, 미안해~."
해진: "선생님, 승원이가 나한테 목을 잘라 버린다고 했어요~"
승원: (울먹이며) "근데 내가 미안하다고 했는데, 하지 말라고 세 번 하지도 않고 일러요."

왜 그랬을까?

유아들이 거친 말을 사용하며, 친구에게 상처를 주는 말이나 욕을 그다지 크게 생각하지 않고 사용할 때가 있다. 친구에게 상처를 주기보다는 위압감을 느끼게 하여 자신을 높이려는 마음, 친구들에게 강하게 보이고 싶은 마음이 있을 때도 있다.

어떻게 하면 좋을까?

부정적인 말을 하는 유아가 있어서 다른 친구가 고자질을 하면 이상하게도 교실 전체가 조용해지며 그 상황들에 집중하게 된다. 부정적인 말은 빨리 전염되는 경향이 있으므로 즉각적인 지도가 필요하다.

대개 유아들은 자신이 부정적인 말을 한 것은 잘못한 것이라는 것을 스스로 인지하고 있으므로, 왜 그런 말을 했는지, 누구한테 그런 표현을 들었는지 묻는 과정에서 반성을 하게 된다.

연령이 어린 유아들에게는 '그런 미운 말을 하면 너의 생각도, 마음도, 입도 미워진단다'라고 이야기만으로도 마무리할 수 있다. 단, 연령이 높은 유아들은 그런 추상적인 조언이 적절하지 않을 수 있다. 따라서 그런 경우, 일단 그런 말을 한 이유를 물어서 상황에 대해 이해를 하고, 화가 나거나 속상했을 때, 상대에게 부정적인 말을 한다고 그 기분이 나아지지 않음을 알려준다. 부정적인 말을 하는 대신, 어떤 방법으로 그 기분을 풀면 좋을지 이야기를 나누며 대처방안을 함께 찾는다. 부정적인 말을 들은 곳이 어디인지 물은 다음, 학부모님과 이야기를 나누어 연계하여 지속적으로 지도하는 것도 필요하다.

이렇게도 생각해볼까?

때로는 가정에서 부모의 언어사용도 문제가 되는 경우가 있으므로, 유아의 관찰일지를 통하여 학부모와 상담을 통하여 가정과 연계하여 지도하는 것이 바람직하다.

나쁜 말을 교사가 들었을 때에는 살짝 웃으면서 언어를 수정해준다.

유아의 자존감을 높이기 위해서, 바른 언어사용 교육을 할 때에는 공공장소보다는 조용한 장소를 선정하여 유아와 이야기를 나눈다.

지나치게 흥분하여 몰입한 경우(규칙을 안 지킴)

모둠별로 풍선놀이를 하고 있는데, 지성이가 흥분을 해서 약속을 안 지키고 있다.

보영: "선생님, 지성이가 자기만 풍선을 하려고 자꾸 일어나서 쳐요."
교사: "지성아, 일어나지 않아도 함께 풍선할 수 있어. 자꾸 일어나니까 친구들이 불편한가봐."
교사: "지성아, 친구들 왔다 갔다 하는데 그렇게 다리를 앞으로 쭉 뻗고 있으면 친구들 넘어지고 지성이도 다쳐요."
교사: "지성아, 또 다리가 나왔네. 다리 얼른 넣어 줘."

결국 지성이 다리에 걸려 친구가 넘어지고 울음을 터트렸다.

왜 그랬을까?

놀이상황에 지나치게 몰입하고 흥분하다 보면, 자신도 모르게 과한 행동을 하며 다른 유아들에게 피해를 주기도 한다.

어떻게 하면 좋을까?

놀이상황을 시작하기 전에, 안전에 관한 약속은 꼭 유아들과 이야기를 나누고 인지시켜야 한다. 그럼에도 불구하고, 자꾸 약속을 잊는 유아에게는 그때 그때 지적해 주어야 한다. 또한 해당 유아 옆 친구들에게도 부탁하여, 해당 유아가 약속을 잊어버리는 위험한 행동을 할 때는 함께 도와 달라고 한다. 만약 약속을 어겨 다른 친구를 방해하거나 위험하게 하는 행동을 했다면, 즉각 행동을 멈추게 하고 놀이를 쉬게 한다. 안전에 관한 사항은 설득과 자발적인 행동수정을 기다리기보다는 교사가 바로 제재할 필요가 있다. 단, 놀이를 쉬는 시간은 5분을 넘지 않도록 한다.

이렇게도 생각해볼까?

약속에 대한 타당성을 유아가 납득하지 못하면 유아는 약속을 지키지 않는다. 유아가 학급에서 인정받고자 하는 기본 욕구를 가지고 있는데 이 욕구가 저지될 때 약속을 지키지 않을 때도 있다. 교사는 그 아이를 인정해주고, 격려하면서 약속을 명확히 유아에게 전달하고, 반복적인 약속 설명이 필요하다.

그리고 정해진 약속이 현실적으로 유아들이 지킬 수 있는 수준인지 반성해 볼 필요도 있다.

"우리 쟤랑 놀지 말자."(다른 친구를 배척함)

수조작영역에 연아와 수지, 지은이가 같이 들어가려고 하는데, 이름표 붙이는 곳이 2개밖에 남지 않았다. 연아는 평소에 친구들에게 인기가 많다.

연아: "어, 2명밖에 못 들어가겠다."
수지: "연아야, 오늘 나랑 같이 놀기로 했잖아. 그래서 계획도 같이 했잖아."
연아: "그래. 지은아, 너 다른데 가서 놀아, 우리 둘이 들어갈게."
지은: "나도 같이 놀고 싶어. 우리 수조작 말고 다른 데 가서 같이 놀자."
수지: "야. 너 다른 데로 가. 연아야, 우리 쟤랑 놀지 말자."

연아와 수지는 수조작영역에 이름표를 붙였고, 지은이는 옆에 서 있다가 다른 곳으로 간다.

왜 그랬을까?

6세 후반부터 특히 여아들은 또래관계가 돈독해지면서, 더 친한 유아들의 무리가 생기게 된다. 그러면서, 때로는 자기들과 별로 친하지 않다고 생각하는 유아를 배척하거나 심하면 따돌리는 현상이 보이기도 한다.

어떻게 하면 좋을까?

특정 유아를 지속적으로 배척하거나 따돌린다면 교사의 적극적인 개입이 필요하지만, 유아들은 그때 그때 상황에 따라 오늘은 A유아와 함께 놀고, 내일은 B유아와 짝을 이루어 놀기도 한다. 어제는 다른 데 가서 놀라고 거절했던 유아와 오늘은 즐겁게 놀기도 한다. 그런 상황이라면 굳이 교사가 개입하지 않아도 된다. 왜냐하면 유아들에게는 자연스럽게 놀이하고 감정을 표현하는 과정인데, 교사의 개입 자체가 유아들에게는 압박감과 죄책감을 갖게 할 수도 있기 때문이다. 그런 감정이 든다면, 교사가 개입하게 된 이유를 만든 유아에게 원망감이 생길 수 있으므로, 며칠 지켜보며 유아들의 행동패턴을 살펴보고 개입여부를 결정한다.

만약 특정유아와 놀이하지 않는 행동이 반복된다면, 유아들의 기질을 고려하여 원인을 파악하고, 너무 친하게 놀이하는 유아들에게 다른 유아들과도 골고루 놀이하도록, 자기들끼리만 놀이하는 횟수를 줄여 보도록 권한다.

이렇게도 생각해볼까?

짝꿍 정하기를 유아가 하고 싶은 유아끼리, 교사가 정해주는 유아끼리가 아닌, 비밀상자에서 뽑기 등으로 우연히 짝이 되게끔 해서, 짝과 잘 지내는 유아들에게 강화하는 방법도 효과적이다. 유아들이 여러 친구들과 긍정적인 상호작용을 하며 다양한 친구들과 즐겁게 놀이하는 방법을 자연스럽게 익힐 수 있다. 단, 이 때는 교사의 세심한 관찰과 격려가 필요하다.

반짝반짝 팁 모음

앞서 제시한 다양한 놀이를 할 때 적용할 수 있는 팁들을 모아 보았다.

즐거운 놀이를 위한 팁으로는,

교사가 유아들에게 할 수 있는 언어적 반응과 사전에 체크해야 할 환경적인 것을 '교사가 해야 할 팁'에 정리하였고, 유아들이 지켜야 할 약속들을 '유아가 해야 할 팁'에 정리하였다.

놀이를 활용한 팁으로는,

교사가 불가피한 상황에서 잠깐 자리를 비웠을 때 유아들이 안전하고 재미있게 스스로 놀이할 수 있는 것, 그리고 바깥놀이를 쉽게 접근하여 유아 스스로 진행할 수 있도록 하는 것, 갈등이 생긴 유아들이 화해한 다음 함께 해볼 수 있는 놀이로 나누어, 활용 가능한 놀이들을 제시하였다. 준비물이 아무것도 필요없는 놀이들만 선별하여서, 현장에서 바로 적용가능하다. 여기에서 제시한 상황뿐만 아니라, 주의집중 및 전이시간에도 활용할 수 있으므로 꼭 해보길 기대한다.

교사가 해야 할 팁

1. 놀이에 참여하는 교사의 언어적 반응

교사는 어떤 방식으로 유아들의 놀이에 반응할 수 있을까?

다음의 여섯 가지 언어적 반응을 통해, 유아들의 놀이에 자연스럽게 개입하는 방식을 살펴보자.

"○○가 고래를 그렸구나!"

유아가 놀이에서 성취한 것을 언급하는 방식이다. 블록을 스스로 다 쌓았을 때, 정리 정돈을 했을 때, 재밌는 그림을 그렸을 때, 교사는 유아의 성취를 말로 표현해줄 수 있다. 유아는 이 과정에서 뿌듯함을 느끼게 된다. 특히, 유아들의 노력을 자세히 묘사해주어야 한다.

"색종이가 잘 안 붙네? 뭘 사용하면 좋으려나~"

유아들은 약간의 힌트를 얻으면, 문제 상황을 잘 해결해낸다. 교사가 유아에게 정답을 제시하는 것보다, 유아가 놀이 상황에서 문제를 해결할 수 있게 힌트를 건네주면 독립적으로 해내는 법을 배우게 된다.

"와, 나도 ○○이랑 자동차 놀이하고 싶어! 같이 해도 될까?"

유아가 하는 놀이에 참여하고 싶다고 물어본다. 이 과정에서 유아는, 교사가 자신에게 관심을 가지고 있음을 느낀다. 또, 다른 친구와의 놀이에서 어떻게 개입해야 할지 자연스럽게 배우게 된다. 물론 분위기에 따라, 말하지 않고 자연스럽게 참여하는 게 나은 경우도 많으니 상황에 따라 조절할 필요가 있다.

"해 봐. 하지만 조심해야 해"

어린 유아가 칼이나 송곳 등을 만지려고 하면 걱정이 앞서지만 '안 돼!' 라고만 말하면 유아는 혼자 도구를 사용하는 법을 배우기 어렵습니다. "해 보자. 하지만 조심하자"라고 얘기하며 곁에서 지켜봐 주도록 한다. 지속적으로 '안 돼'라는 말만 들으면, 새로운 도전을 하기 어려워 할 수 있다.

"나는 이걸 가지고 놀아야지~"

병행놀이는 교사가 유아 가까이에서 같은 놀잇감으로 놀이를 하는 경우를 말한다. 유아가 아기에게 우유 먹이는 역할 놀이를 하고 있다고 가정해보자. 이때 교사는 "아기에게 우유 말고, 저녁 이유식도 만들어줘 볼까?"라고 물어볼 수 있다. 유아는 반응하지 않을 수 있는데, 이 때 교사는 아무 말 없이 역할 놀이에 참여하며 프라이팬을 꺼내는 시늉 등을 하면 유아가, '음……, 저도 해보고 싶어요'라고 반응을 보일 수 있다. 그러면 '무얼 만들까?'하며 놀이를 확장해나가는 것이다. 유아는 교사의 모습을 보며, 새로운 놀이 방법을 배울 수 있다.

"어? 저기 책 속에 뭔가 숨겨져 있는 것 같아"

유아가 며칠 동안 한 가지 영역 놀이만 하고, 다른 영역의 놀이에 전혀 관심을 기울이지 않는다면, 유아의 호기심을 자극하는 제안을 해볼 수 있다. 이 책 안에 뭔가 있는 거 아니야? 미끄럼틀에 엉덩이를 대면 어떤 일이 생길까? 등 유아가 관심 있을 만한 화제를 던져보도록 한다. 이를 통해 유아는 자연스럽게, 다양한 영역의 놀이에 관심을 가지게 된다.

2. 교사가 사전에 확인해야 할 것

안전한 놀이 환경의 확보

놀이할 때는 되도록 넓은 장소에서 실시하는 것이 좋다. 단 두 명이 놀이하더라도, 유아들이 마음껏 활동할 수 있는 공간을 확보해 주어야 갈등과 안전사고의 위험이 적어진다.

교실 내에서 놀이할 때는 교구장 및 책상을 옮기도록 하는데, 이 옮기는 과정도 유아와 함께 이야기하고 안전한 방법을 모색하여 반복하여 연습하여, 스스로 안전하게 움직이게 할 수 있다.

교실 밖에서 놀이할 때는 놀이할 장소의 주변에 걸려 넘어질 수 있는 장애물, 움푹 들어가 발이 빠질만한 곳, 동적인 활동을 하고 있는 어린이 및 청소년, 자동차가 자전거가 다닐 수 있는 장소, 서로 시야가 확보되지 않아 충돌의 위험이 있는 곳 등의 위험요소가 없는지 매번 충분히 살피고 놀이하는 습관을 기르도록 한다.

규칙 세우기

아이들에게는 울타리 같은 놀이 규칙이 필요하다.

울타리 안에 있는 양들은 서로 질서를 지키고 안심하며 평화롭게 지낸다. 하지만 울타리를 벗어나 넓은 초원에 풀어진 양들은 이리저리 질서 없이 뛰어다닌다. 자유로워 보이지만 사실 곳곳에 위험요소가 도사리고 있어서 불안하다. 마찬가지로 규칙 안에 있는 아이들은 정서적, 신체적 안락함을 느끼며 평안해 한다. 하지만 규칙을 벗어나 자유와 방임 속에 놓인 아이들은 무절제 속에 불안해하며 방황한다. 그렇기 때문에 놀이할 때 아이들에게는 일정한 한계를 설정해야 안정감이 생긴다. 한계를 설정하려면 울타리 같은 규칙들이 필요하다.

| 놀이 규칙 세우기의 원칙 |

첫째, 놀이 규칙은 유아들과 함께 이야기를 나누어 결정해야 한다.

교사의 일방적인 지시보다 함께 규칙을 정했을 때 유아들은 더 잘 지키려고 노력하기 때문이다. 이 때 규칙을 지키지 않았을 때 어떻게 할 것인지에 대해서도 이야기 나누도록 한다.

둘째, 분명한 규칙을 일관성 있게 반복적으로 되풀이해야 한다.

여기에는 교사의 인내심이 필요하다. 같은 규칙을 수도 없이 반복해야 아이들은 규칙이 생활화되기 때문이다.

유아가 해야 할 팁

1. 실내 놀이 약속 정하기

놀이 친구 약속으로 친구들과 사이좋게 지내기, 친구와 문제가 생겼을 때 손보다 말로 이야기하기 등

놀잇감 약속으로 놀잇감 적절히 사용하기, 교실의 장난감 소중히 다루기, 사용한 후 제자리에 정리하기

놀이 환경 약속으로 유아가 활동에 몰입하고 안정적으로 활동하도록 앉아서 활동하기, 적절한 소리로 이야기하기 등

안전 약속으로 뛰지 않기, 의자나 책상 위에 올라가지 않기 등

2. 실외 놀이 약속 정하기

놀이 친구 약속으로 친구들과 사이좋게 지내기, 친구와 문제가 생겼을 때 손보다 말로 이야기하기, 친구놀이 방해하지 않기 등

놀이 장소 약속으로 정해진 놀이 장소에서 놀이하기, 놀이 장소에서 벗어나야 할 경우 교사에게 꼭 알리기 등

안전 약속으로 높은 곳 올라가지 않기, 친구들 많은 곳에서 너무 세게 뛰지 않기, 놀이 기구 안전하게 사용하기, 모이는 신호 지키기 등

3. 친구 간 약속 정하기

원하는 것이 있을 때는 부탁하기

불편한 행동을 했을 때는 그만하라고 말하기(세 번 이야기하도록 들어주지 않으면 선생님에게

도움 청하기)

놀잇감을 빼앗거나 던지지 않기

하고 싶은 역할만 고집하지 않고, 서로 바꾸어가며 하기

같이 놀고 싶어 하는 친구를 세 번이나 거부하지 않기

친구의 놀이 방법 존중하기

유아들끼리만 하는 놀이

필요성 : 교사가 불가피하게 교실에서 자리를 비울 때가 있다. 화장실에 간 유아에게 도움 주러 갈 때, 일부 유아들의 양치 지도하는 데 나머지 유아들이 교실에 있을 때, 아픈 유아 처치해줄 때 등. 오랜 시간은 아니지만, 교사가 잠깐이라도 자리를 비울 때는 유아들끼리 할 수 있는 것들을 제시해주고 가는 것이 안전사고의 위험도 줄이고, 유아들도 불안하지 않게 교사를 기다릴 수 있다. 학기 초에는 플래시 동화 등을 보여 주기도 하지만, 차츰 놀이들을 알려 주면 유아들끼리 충분히 시간을 재미있게 보낼 수 있다.

놀이를 정할 때 고려점

유아 간 갈등을 유발시키지 않도록 지나친 승패가 없는 놀이가 좋다.

안전사고의 위험이 적은 정적인 놀이가 좋다.

유아들이 쉽게 이해하고, 즐겁게 몰입할 수 있어야 한다.

놀이의 예시

공 주고받기

- 동그라미로 앉아, 탱탱볼 등을 땅으로 굴려 친구에게 전달하기. 공을 받고 3초 이내에 다른 친구에게 주기로 약속해야 신속하게 진행된다.
- 응용 1: 공놀이를 하다가 소란스러워지면 침묵공놀이를 제안할 수 있다. 소리내지 않고 있는 유아에게 공 굴려 주기를 한다.
- 응용 2: 점차 익숙해지면 동그란 종이블록 굴리기도 할 수 있다. 동그란 종이블록 은 자기가 원하는 방향이 아닌, 엉뚱한 방향으로 굴러가기도 해서 재미있게 할 수 있다.

- 응용 3: 동그란 종이블록 2개를 동시에 굴리면서 하는 것도 색다른 재미를 준다.

아이엠 그라운드

- 동그라미로 앉아 "아이엠 그라운드 자기소개 하기"라는 멘트를 시작으로 한 유아부터 같은 방향으로 4박자에 맞춰 [무릎-손뼉-엄지-엄지]의 움직임을 하며 [무릎-손뼉-자기-이름]을 말한다. 모두 한 바퀴가 돌아가서 자기 이름 말하기가 끝나면, 처음에 시작한 유아는 자기 이름 다음에 부르고 싶은 유아 이름을 부른다.

진행 예시
(자기 이름 소개가 한 바퀴 돈 뒤, 다시 첫 번째 유아 순서에)
문성근: 무릎-손뼉-문성-근, 무릎-손뼉-김국-연
김국연: 무릎-손뼉-김국-연, 무릎-손뼉-김병-수
김병수: 무릎-손뼉-김병-수, 무릎-손뼉-임주-영

- 응용 1: 자기 이름으로 하는 것이 익숙해지면, 자기 이름 대신 동물이름을 넣어도 된다. 단, 자기가 어떤 동물을 할 것인지 먼저 정하고 중간에 바꾸지 않는다. 유아 순서대로 한 바퀴 돌며 자신이 하고 싶은 동물을 말하고, 그 다음은 시키고 싶은 유아의 동물이름으로 대신 부른다.

진행 예시
(자기 동물 이름 소개가 한 바퀴 돈 뒤, 첫 번째 유아 순서에)
문성근: 무릎-손뼉-호랑-이, 무릎-손뼉-코끼-리
김국연: 무릎-손뼉-코끼-리, 무릎-손뼉-얼룩-말
김병수: 무릎-손뼉-얼룩-말, 무릎-손뼉-하-마

- 응용 2: 응용 1까지 익숙해지면, 이후에는 자기 이름을 대신할 주제를 유아들끼리 정해서 할 수 있다. 단, 동그라미로 앉는 유아의 수가 너무 많으면 기다리기 지루하

고 어려우므로, 한 동그라미 당 5~7명이 적당하다.

감자싹

- 3명의 유아가 동그라미로 앉아 "감자에 싹이 나서 잎이 나니 싹싹싹"에 맞춰 가위바위보를 한다. 단, '싹싹싹'의 마지막 '싹'에서 손을 내민다.
- 가위바위보에서 진 유아는 두 손 중 한 손을 바닥에 손바닥을 대고 내려 놓는다. "감자에 싹이 나서 잎이 나니 싹싹싹"을 또 해서 진 유아 순으로 손바닥을 포개어 놓는다. 두 손이 모두 바닥에 포개어진 유아도 생긴다.
- 유아들의 손 6개 중, 5개가 바닥에 포개어 지고, 한 손만 남으면 그 유아는 포개어진 손의 맨 위를 내려친다. 그 다음 제일 위에 포개어진 손을 들어, 바로 아래에 있던 손을 치고, 차례차례 바로 아래의 손을 친다.
- 가장 바닥에 있었던 손은 다른 손이 내려칠 때 피할 수 있다.
- 처음에는 2명의 유아로 시작했다가 3~4명으로 늘릴 수 있지만, 5명부터는 공간이 복잡하고, 손에 힘이 실려서 포갤 때 불편할 수 있다.

바깥에서 전래놀이하는 요령

필요성

바깥에서 동적인 활동을 할 때, 공간의 특수성 때문에 집중이 되지 않아 산만해지고, 안전사고의 위험으로 이어질 수 있다. 따라서, 바깥에서 유아들이 안전하고 질서있게 놀이하는 요령을 익혀 유아끼리 놀이를 진행할 수 있는 능력을 기르고자 한다. 요령을 잘 익혀 여러 놀이들에 적용해본다면, 교사의 개입 없이도 유아들이 놀이 규칙을 변형하며 확장해 나가, 놀이를 더 다양화할 수 있다.

나가기 전에 할 것

놀이방법을 익힌다

나가기 전에 놀이방법을 교실에서 알려주고, 실제로 교실에서도 해본다. 단, 교실에서 해볼 때는 교실의 규모를 고려하여 최소인원으로 시범을 보이는 식으로 한다.

교사의 진행 예시

전래놀이 [한발뛰기]를 할 때, 칠판에 그림 및 색보드마카를 이용하여 요령을 설명해주고, 3~4명의 인원만으로 교실에서 해본다. 공간의 제약이 있으므로, 술래가 외치는 발자국 수는 3~5발로 제한하여 해본다.

안전약속을 정한다

바깥에서의 안전약속은 집중이 잘 되는 교실에서 정한 뒤에 나가야, 유아들이 바깥에 나가자마자 잊지 않고 실천할 수 있다.

교사의 진행 예시

[한발뛰기]할 때의 안전약속
- 교실에 나갈 때는 차례차례 뛰지 않고 질서있게 나간다.
- 나가서 정해진 자리에 줄을 서서 기다린다. 제자리에서 뛰지 않는다(친구와 부딪힐 수 있음).
- 한발뛰기를 하고, 다시 출발선으로 돌아올 때, 뛰어 들어오는 유아와 부딪힐 수 있으므로, 출발선은 꼭 비워 둔다.
- 한발뛰기에서 술래에게 잡히지 않고, 출발선까지 들어오는 것에 성공한 유아 중에 다음 술래를 정한다.

나가서 할 것

팀을 나눈다

팀을 나눌 때는 되도록 유아들이 자유롭게 팀을 만들도록 한다. 팀 인원을 정해주면, 유아들이 스스로 인원들을 조정하며 팀을 만들어 줄을 설 수 있다.

[한발뛰기]를 할 때, 5명 친구가 한 팀으로 한다. 5명 친구들을 모으고, 모여진 팀부터 서게 한다(5줄 기차).

먼저 선 팀부터 1팀, 2팀……으로 이름을 정하여 주고, 각 팀별로 술래를 한 명씩 정하도록 한다.

놀이를 진행한다

새로운 전래놀이를 처음 바깥에서 한다면, 모든 팀이 한 번씩 돌아갈 때까지 모든 유아들이 다른 팀들의 놀이를 지켜보도록 해야 한다. 다른 팀의 놀이를 보는 과정에, 팀별의 여러 가지 상황을 보며 대처상황과 해결방법을 함께 배우고 익히는 간접경험을 할 수 있다.

교사의 진행 예시

- 1팀이 먼저 나와서 술래와 유아들이 출발선에 서서 술래의 주문에 따라 놀이를 진행한다. 1팀이 놀이가 끝날 때, 술래에게 잡히지 않고 성공한 유아 중, 다음 술래까지 정한다.
- 1팀이 들어가고 2팀이 나와서 마찬가지로 놀이하고 다음 술래를 정한다.
- 차례차례 팀들이 돌아가면서 놀이하면서, 유아들이 아웃되는 상황, 술래가 아웃되는 상황, 어떤 걸음으로 가야 유리한 지 함께 알아본다.

유아들끼리만 놀이를 해본다

모든 팀이 돌아가서 하는 것을 보면서 방법을 충분히 익힌 후, 팀들을 바꾸지 않고, 그대로 장소를 옮겨서 팀별 장소를 정해 준다. 단, 팀별 장소가 너무 멀지 않는 곳으로 해서 교사가 즉각적인 도움을 줄 수 있도록 한다.

교사의 진행 예시

- 팀별로 놀이터 주변에 자리를 정해주고, 유아걸음으로 갈 수 있는 여유공간을 가늠하여 걸음수는 제한해준다(10걸음 이내).
- 교사가 팀놀이공간을 계속 돌고 지켜보며 놀이방법과 팀들에 대해 알려 준다.
- 유아들이 팀 내에서 놀이를 적당하게 변형하거나 확장하는 것을 격려해준다.
- 만약 술래가 특정유아로 반복되고 있는 팀이 있으면, 팀유아들과 상의해서 술래를 안 해본 유아가 해볼 수 있게 약속을 바꾸어도 된다.

화해 놀이

필요성

유아들 간에 갈등이 생겼을 때, 교사의 중재로 화해를 하고 금세 기분이 풀려 다시 놀이하게 되는 경우들도 있지만, 때로는 맘이 쉽게 가라앉지 않는 유아들도 있다. 그런 유아들에게 적용하여 재미있게 기분을 풀어 주고, 보는 유아들도 즐겁게 과정을 지켜볼 수 있다. 또한 교사의 중재나 개입을 '혼나는 것'이라고 느끼는 부정적인 인식을 줄일 수 있다. 단, 화해놀이는 유아들이 서로의 갈등을 이해하고 해결한 다음 진행해야 한다.

화해놀이의 예시

청개구리처럼 말하기

두 명의 유아를 서로 '청개구리'라고 하고 상대방의 말을 거꾸로 말하게 한다.

A : 가위

B : 위가, 책가방

A : 방가책, 인형

B : 형인, 자전거 ……

익숙해지면, 단어를 말할 때 단어에 맞는 동작도 함께 해보게 할 수 있다.

소리 점점 크게 내기

두 유아 중 한 명이 '아'라고 소리 내면, 상대 유아는 그 유아보다 조금 더 큰 소리로 '아'라고 하고, 교대로 서로의 소리보다 조금씩 더 큰 소리로 소리를 낸다. '아' 대신 다른 소리를 내게 해도 좋다.

소리 길게 내기

두 유아가 신호음에 따라 '아~~~~~~'라고 소리를 내어서, 소리를 끊지 않고 누가 더 길게 소리를 내는지 내기하는 것이다. 한 번만 하면 기량을 발휘하지 못할 수 있으므로, 세 번을 해서 두 번 이긴 유아가 승리라는 것을 미리 알려 준다.

서로 칭찬하기, 못하면 간질간질~

두 명의 유아가 마주보고 릴레이로 서로를 칭찬해준다. 만약 말문이 막히거나, 너무 늦게 말하면 상대유아가 간지럼을 태운다.

서로 칭찬하기, 당연하지!

두 명의 유아가 마주보고 서로를 칭찬해준다. 칭찬을 받은 유아는 "당연하지!"라고 응대한 다음, 상대 유아를 칭찬한다. 만약 웃음이 터지거나 "당연하지!" 말을 못하면 앞 유아가 이야기한 동물이나 물체 흉내를 낸다.

엉덩이로 뿡뿡~

두 명의 유아가 뒤돌아서 등을 맞대고 선다. 신호에 따라 엉덩이로 상대의 엉덩이를 밀어서 발이 움직이는 유아가 아웃이다. 이 때 서로 등을 대고 서는 것이 아니라, 10㎝ 정도 떨어져 서야, 엉덩이를 자유롭게 움직일 수 있다. 여러 번 할 수 있다.

손잡고 미션 수행하기

두 유아가 손을 잡고 3분간 손을 잡고 있다. 시간은 모래시계나 휴대폰의 알람 및 타이머를 활용할 수 있다. 미션은 유아들의 의견을 미리 받아서 몇 개를 정한 후, 3분 측정을 시작한다. 미션으로는 손잡은 채 자기 물통의 물을 각자 마시고 오기, 손잡은 채 색종이 대문 접기 하기, 손잡은 채 역할영역의 한복바지 입어 보기 등을 제시할 수 있다. 손잡은 채 미션을 수행하다 보면, 자연스럽게 협동하여 문제해결을 할 수 있다.

참 고 문 헌

- 고민수(2016). 지속가능발전을 위한 유아환경교육에 관한 실행연구. 건국대학교 교육대학원 석사학위논문
- 교육과학기술부 · 보건복지부(2012). 5세 누리과정 교사용 지침서
- 경기도교육청(2017). 놀이2017, 놀이중심 교육과정 이해자료. 경기도
- 박소연(2016). 유아의 놀이를 기록하는 교사의 경험. 숙명여자대학교 대학원 석사학위논문
- 박상욱 남효순(2008). 놀이와 레크리에이션. 서울: 태화원
- 성영혜 외(2005). 집단 치료놀이 실제. 서울: 한국치료놀이연구소
- 센타이시 나노하나 홈(2007). 놀고 싶어요! 그래! 놀아 볼까나! 서울: 박학사
- 신유경(2012). 실외 자연 놀이경험이 유아의 환경 친화적 태도와 친사회적행동에 미치는 영향. 중앙대학교 대학원 석사학위논문
- 우은영(2009). 유아놀이 및 놀이지도에 대한 유아교육기관 종사자의 인식. 인천대학교 교육대학원 석사학위논문
- 유승희 이인희(2007). 아이들을 행복하게 하는 교실놀이. 경기도: 공동체
- 이소영(2017). 기관에서의 놀이에 대한 유치원 교사와 초등학교 교사의 인식. 이화여자대학교 석사학위논문.
- 이숙재(2001). 유아놀이활동. 서울: 창지사
- 초등수업을 살리는 놀이레시피 101(2016). 같이놀자. 서울: 천재교육
- 허미애(2016). 유아교사를 위한 현장교육의 이론과 실제. 경기: 공동체
- 허승환(2013). 두근두근 놀이수업. 경기도: 시공미디어